Das Buch

In ihren mitreißenden, charmanten Geschichten erzählt die Autorin der SPIEGEL-Bestseller »Titos Brille« und »Doitscha« von ihrer und unserer Gegenwart. Von Heimat und Fernweh, von Nachhilfestunden in türkischer Geschichte beim Fischhändler ihres Vertrauens und davon, warum sie nie bereuen wird, Kinder zu haben. Im familiären Alltag, in kurzen zwischenmenschlichen Begegnungen, im Film, der Literatur und dem Theater spürt sie in ihrem unvergleichlichen Ton den existenziellen Fragen nach, die uns alle angehen.

Die Autorin

Adriana Altaras wurde 1960 in Zagreb geboren, lebte ab 1964 in Italien, später in Deutschland. Sie studierte Schauspiel in Berlin und New York, spielte in Film- und Fernsehproduktionen und inszeniert seit den Neunzigerjahren an Schauspiel- und Opernhäusern. Sie erhielt zahlreiche Auszeichnungen, u. a. den Bundesfilmpreis, den Theaterpreis des Landes Nordrhein-Westfalen und den Silbernen Bären für schauspielerische Leistungen. 2012 erschien ihr Bestseller »Titos Brille«. 2014 folgte »Doitscha«, ihr hochgelobtes zweites Buch. Adriana Altaras lebt mit ihrer Familie in Berlin.

W0173126

KiWi
1499

Adriana Altaras

Das Meer und ich
waren im besten Alter

Geschichten aus
meinem Alltag

Kiepenheuer & Witsch

Zum Schutz von Personen wurden Namen und Orte
zum Teil verändert und Handlungen, Ereignisse und Situationen
an manchen Stellen modifiziert und fiktionalisiert.

Verlag Kiepenheuer & Witsch, FSC-N001512

2. Auflage 2017

Umschlaggestaltung: Rudolf Linn, Köln
Umschlagmotiv: © Gene Glover (Autorenfoto)/BillionPhotos.com –
fotolia.com (Fahrrad)/ILYA AKINSHIN – fotolia.com (Fisch)
Gesetzt aus der Berkeley medium
Satz: Wilhelm Vornehm, München
Druck und Bindung: CPI books GmbH, Leck
ISBN 978-3-462-04958-9

Inhalt

Für Billy

Herbst

Meine Liebe,

willst Du wirklich ein ganzes Jahr fortbleiben? Vielleicht löst sich währenddessen Europa auf? Wär' doch schade drum!

Danke Dir für Deine Synagogenplatzkarte für die »Hohen Feiertage«. Es wird schrecklich öde ohne Dich, mit wem soll ich die Neuigkeiten aus dem Stetl durchhecheln?

Ansonsten gibt es nicht viel Neues, Stau in der Leipziger Straße, denn alle sind wieder zurück in der Stadt und müssen sofort in die Philharmonie oder ins Theater. Die Saison hat begonnen, die ersten hoffnungsvollen Premieren entpuppen sich als Flops, noch kein Skandal am Horizont, kommt schon noch, die Spielzeit ist ja noch jung.

Die Herbstmode sieht genauso aus wie letztes Jahr, die Stiefel kosten 600 Euro, die Sohle scheint aus Gold zu sein, ich lasse meine Absätze neu machen, muss reichen.

Es regnet seit Tagen.

Wir wollen in den Herbstferien noch rasch ans Meer, die lieben Gören haben ein schrecklich langes Schuljahr vor sich, und mir graust es vor dem Berliner Wetter.

Habe mir einen tragbaren Kamin gekauft, der mit einer gefährlichen Flüssigkeit betrieben wird, nicht wärmt, aber *echtes Feuer hat. Habe ihn »Ahasver« genannt, der ewige Wanderkamin.*

Als ich es mir gestern bequem machte und mehr auf die Flammen schaute als auf den »Tatort«, kam Sammy hereingestürmt, »Schalt um!«, brüllte er. »Es geht wieder los.«

Die Nacht haben wir vor dem Fernseher verbracht. Ich weiß, dass dies nicht die ersten und nicht die letzten Toten sind, aber ich weiß auch, dass diese Attentate Europa verändern werden. Jetzt ist es hier wie bei Euch.

Septembermeer

»Un mare settembrino«, sagte die Frau, die neben mir ins Wasser stieg. Septembermeer. Was für ein anmutiger Begriff. Ich war mir gar nicht sicher, ob die junge Frau es positiv gemeint hatte, un mare settembrino, ich jedenfalls solidarisierte mich gleich mit dem Gewässer, das im dritten Quartal seines jährlichen Daseins sanfte Wellen schlug. Der heiße August war gerade vorbei und die Oktoberstürme ließen noch auf sich warten.

Drittes Quartal, normalerweise ein Ausdruck, von dem ich mich entschieden distanziere, vom Finanzamt missbraucht, durch drohende Steuerzahlungen angstbesetzt. Hier, mit den Füßen im Sand, wurde mir klar, dass auch ich dem dritten Quartal entgegensteuerte, wenn nicht schon mittenmang war. Na und? Das Meer und ich waren im besten Alter. Weise, dabei herrlich entspannt. Oder, was meinst du, mare adriatico? Wie alt würde ich werden? Achtzig? Sechsundneunzig wie meine Tante, die sich immer noch bester Gesundheit erfreute?

Auf jeden Fall war ich eindeutig über die Mitte hinweg, falls ich nicht doch ein biblisches Alter erreichte, aber ehrlich gesagt: Wer will das schon? Wie Sarah und Abraham mit über hundert noch Kinder bekommen?

Das Meer liegt friedlich vor mir, ahnt nichts von meinen tiefgreifenden Überlegungen, ist herrlich türkis und warm. Perfekt eigentlich. Was man von mir so nicht behaupten kann. Ich bin zwar sportlich, doch drei Kilo zu viel sind drei Kilo zu viel. Täglich trage ich kleine Kämpfe mit meiner Waage aus, drehe am Zeiger, vielleicht ist sie doch zu alt und ungenau, aber irgendwie arrangieren wir uns immer.

Wie wird man am besten alt? Mir kommt es so vor, als ob in Berlin eine Weile lang alle gleich alt, also extrem jugendlich sind, mit Rucksäcken, Bärten und feschen Klamotten. Einige Jahrzehnte lang sogar, und dann, ganz plötzlich, eines Morgens, sind sie steinalt.

»In Würde altern!« heißt es in Broschüren, die einem Versicherungen für einzelne Körperteile anraten oder die Reklame machen für Seniorenresidenzen am Stadtrand. Ich habe aber diesen Slogan auch schon bei Burberry gesehen, oder war es Benetton? Bitte schön, was heißt das denn: »In Würde altern«? Heißt das, es ist peinlich, wenn ich im Wilmersdorfer Stadtbad vom Zehner springe? Oder mich in einen jüngeren Mann verliebe? Oder muss ich ab fünfundfünfzig Mausgrau und Beige tragen? »Das eigene Alter akzeptieren« steht kleingedruckt drunter. Aber auch das verstehe ich nicht.

Was ich allerdings sofort begreife: dass ich in der Kunst aufpassen muss. Ja, ich will weder ein grauhaariges Fräuleinwunder werden noch geriatrisches Theater mit schlüpfrigen Witzen und minderjährigen Hauptdarstellerinnen machen.

Aber wen bitte ich, mich zu kontrollieren? Meine Kollegen sind genauso alt wie ich, bis ich ihnen erklärt habe, was ich meine, sind wir alle tot. Meine Kinder finden mich seit ihrem zwölften Lebensjahr peinlich, die fallen als Berater ebenfalls aus.

Und auf mein innerstes Ich zu hören, halte ich für gefährlich. Was weiß das Innerste, was ich nicht wüsste?

Das Meer zeigt sich von seiner besten Seite. Ich spiele toter Mann, für die Genderbeauftragten tote Frau, und lasse mich treiben und treiben. Wenn toter Mann sein so schön ist, warum nicht gleich hier und jetzt?

Als ich mich im zweiten Quartal befand, gehörte ich einer freien Theatergruppe an, die sich rühmte, immer aktuell, auf der Höhe der Zeit zu sein. Wir waren ein Kollektiv, das alles gemeinsam diskutierte, und wenn am Ende nicht alle zerstritten waren, gab es witzige Theaterabende, zeitgemäß und sogar ziemlich avantgardistisch. Das Kollektiv war nervig, manchmal dauerte es drei Monate, bis wir uns auf ein neues Thema einigen konnten, aber gleichzeitig war es eine Art Kontrollinstanz, ein Korrektiv.

Auf die Kritiker zu hören, halte ich auch nicht für die letzte Weisheit, sie sind launisch wie ich selbst und auch nicht mehr die Jüngsten …

Ach, es ist ein Kreuz. Besser weiterplanschen, auf den kleinen Wellen schaukeln, obwohl mir langsam Schwimmhäute wachsen.

Wenn ich meine Tante anschaue, bekomme ich Herzflattern. Sie hört fast nichts mehr (was nur sie genießt), hat alle überlebt, vor allem ihren Mann (was ihr die größte Freude bereitet), fährt immer noch Auto, wenn's sein muss, auch ohne Brille, obwohl sie schon mit Brille wenig sieht, und hangelt sich von einem Monat zum nächsten. Sie überquert die Straßen wie ein somnambuler Tänzer. Die meisten Autos haben gute Bremsen. Und den Dreck im Zimmer sieht sie nicht mehr, eine echte Entlastung. Man könnte auch von sanfter Verwahrlosung sprechen. Für sie selbst scheint die Welt so in Ordnung. Wäre sie das auch für mich? Ich glaube, das möchte ich nicht testen.

Ich finde, Greise wirken am schönsten im Märchen, dort sind sie weise und gut, bekleckern sich nicht mit Soße und haben von Alzheimer noch nie gehört.

Ich habe mir, sollte Plan A: »der Tod erwischt mich urplötzlich auf der Probe – zack! – und es ist vorbei«, nicht funktionieren, folgenden Plan B überlegt: Tabletten.

Ich stehle ab jetzt meinen jüdischen Freunden, sooft ich die Gelegenheit habe, eine Schlaftablette. Oder auch mehrere. Sie nehmen alle Schlaftabletten, schon bald müsste ich eine ordentliche Menge zusammenhaben. Mein Mann will mir nicht glauben, er meint, so viel, wie ich darüber redete, würde ich es eh nicht machen.

Man muss natürlich enorm aufpassen, denn sollte die Demenz gewinnen, vergisst man vielleicht noch, dass man am Leben ist …

Sobald ich peinlich werde in Kleidung, Haltung und Kunstanspruch, schlucke ich das Zeug, und aus die Maus. Ob ich gerade dann hemmungslos am Leben hängen werde? Na, mal sehen. Ich weiß, dass die Religionen so etwas nicht mögen, aber die mögen auch keine Kondome, Homosexuelle und Miniröcke.

Alternativ könnte ich mir die Provence vorstellen, dort gibt es, vor allem im September, ein herrliches Meer. In Griechenland und Süditalien auch. Es geht nichts über ein Septembermeer, mare settembrino. So ein Meer, würd' ich mal sagen, toppt vorerst eine gute Dosis Schlaftabletten.

Amour fou

Mein Mann Georg teilt meine Liebe zum französischen Film nur bedingt. Er liebt zwar den »Film noir« mit Jean Gabin als Kommissar, Lino Ventura und Alain Delon als Ganoven, die einander mal in alten Lieferwagen, dann wieder in feinen schwarzen Citroëns quer durch Paris verfolgen, Einbrecher und sympathische Verlierer.

Wenn es aber um Truffaut oder Godard geht, wird er unwillig, spüre ich Widerstand.

Ich sage: »Georg, liebst du mich?« Er denkt nach. Ich sage: »Georg, bitte jetzt nicht denken, einfach sagen, ja, Liebling, ich liebe dich.« Er wird einsilbig.

Ich sage: »Das ist wie in französischen Filmen, da wird stundenlang über die Liebe geredet. Das macht Spaß, das ist ein Spiel, ein Vergnügen, verstehst du?« Er schweigt nun endgültig und verlässt das Zimmer. Ich glaube, er begreift mich nicht.

Dabei gibt es doch kaum etwas Schöneres im Leben, als folgenden Dialog zu führen:

Liebst du mich? – Ja, Liebling. – Mehr als früher? – Natürlich. – Wann ist für dich früher? – Vor Jahren und gestern. – Findest du mich auch noch genauso attraktiv? – Eigentlich noch mehr. – Du lügst. Magst du meine

Beine? – Ja, mag ich. – Meine Hände? – Ja, die auch. –
Meine Brüste? – Aber ja, die ganz besonders. – Mehr als
meine Beine und meine Hände? – Das ist schwer zu sagen. – Versuch's.
So könnte es ewig weitergehen, ich wäre glücklich.

Aber leider denkt Georg immer nach. Er wolle keine bil-
lige Antwort geben, sagt er, nicht wie auf Stichwort
reagieren, nein, er prüft seine Gefühle, seine Aussagen,
forscht permanent nach deren momentanem Wahrheits-
gehalt. Unvorstellbar für mich. Was für eine unnötige
Mühe!
Moment mal: Heißt das, wenn er schweigt, liebt er
mich nicht mehr? Oder nur noch ein bisschen? Nicht
genug? Ist sich seines Gefühls nicht mehr sicher?
Ein knappes »Ja«, die Sache wäre vom Tisch, und jeder
könnte zufrieden seiner Arbeit nachgehen.
Ich hätte es schon früher wissen können. Schon bald
nachdem wir uns kennengelernt hatten, fragte ich ihn:
»Wie viele Frauen hattest du vor mir?«
Auch da hätte mir eine Standardantwort gereicht, etwas
in der Art wie: »zwei« (aber Vorsicht: bitte nur bis höchstens fünfzehn!), »doch das war etwas ganz anderes, ist
sehr lange her, und keine habe ich so geliebt wie dich!«
Georg jedoch schaute mich ernst an, setzte sich in den
Ohrensessel – was ich an sich schon unpassend fand, so
patenonkelig –, setzte sich also in diesen Riesensessel
und begann zu schreiben. Er hatte sich ein kleines Notiz-
heft genommen, Hausschuhe angezogen und vertiefte
sich in die Arbeit.

Nach wenigen Minuten wurde ich nervös. »Was wird das denn?«, fragte ich betont locker.

»Ich schreibe meine Frauen auf.«

»Alle?«

»Ja, alle, an die ich mich erinnere.«

Lange Zeit später saß er immer noch konzentriert im Sessel und führte Buch über sein Liebesleben. Ich fand es nicht mehr komisch.

Nicht, dass mich die Menge allein verunsicherte, ja, schon auch – aber mehr noch die Genauigkeit, mit der hier katalogisiert wurde. Name, Nachname, Ort der Begegnung, Kosenamen, was weiß ich, was da alles zu Papier gebracht wurde.

Ich ging auf und ab, im Zimmer, in der ganzen Wohnung, so genau wollte ich es wirklich nicht wissen.

Als er sich erhob, um sich einen Tee zu machen, spickte ich hastig in die ersten Seiten: »Nora K., 22, mein Nordisches Pferd.«

Halleluja.

Hätte ich nur nicht gefragt! Hätte ich doch nicht in das Buch geschaut. Meine Fantasie galoppierte davon …

»Sascha M., Kommilitonin aus der Anti-AKW-Gruppe, wohnte in Dreier-WG.«

Das hieß bestimmt Gruppensex, was denn sonst?

»Auf Tournee, Würzburg, Übernachtung gespart.«

Wie lange war Georgs Theatertruppe damals auf Tournee gewesen?

Schnell legte ich das Buch zurück, Georg kam wieder, vertiefte sich weiter in seine Aufzeichnungen.

Nicht dass ich ein Kind von Traurigkeit gewesen wäre.

Ich war ein halbes Jahr in New York, lange bevor Aids ein Thema war, es wurde Winter, ich war neunzehn. Aber Georg hatte mich ja nicht gefragt. Und ehrlich, ich weiß nicht, ob ich mich an mehr als fünf Namen erinnert hätte, von Nachnamen ganz zu schweigen.

Georg hatte bis dato auf mich nicht den Eindruck eines Sexmaniacs gemacht. Im Gegenteil: Er hatte scheu gewirkt, als wir uns kennenlernten, fast verklemmt. Und dass wir überhaupt zusammengekommen waren, hatte eindeutig an meiner Initiative gelegen.

So konnte man sich täuschen.

Als der Abend dämmerte, und er immer noch schrieb, fing ich an zu weinen. Ich hatte ein französisches Spiel mit meinem deutschen Mann spielen wollen, aber es hatte nicht funktioniert. Ich zog die Nase hoch, sagte mit zitternder Stimme: »Okay, lass uns einen Plan machen und sie der Reihe nach besuchen, ich möchte sie alle kennenlernen …«

Georg schaute kreidebleich auf, umarmte mich kurz und legte dann stumm das Heft beiseite.

Ich habe ihn nie wieder danach gefragt.

Das Bild des Nordischen Pferdes allerdings werde ich nicht los, und bei harten Streitereien greife ich darauf zurück: »Geh doch zu deiner Nora, dieser Frigga, zu deinem arktischen Gaul …«

Was die französischen Filme angeht, wird es besser, geradezu täglich.

»Liebst du mich?«, habe ich ihn neulich wieder gefragt. Und er hat gelächelt und mich geküsst. Immerhin.

Bühnenasyl

Als meine Familie Kroatien verlassen musste, hieß es noch Jugoslawien, und Marschall Tito war ein mächtiger Mann. Er starb 1980, da lebten wir schon lange in Deutschland. Sein Staatsbegräbnis war imposant und von allgemeiner Trauer geprägt. Doch schon bald begannen Unruhen, und wenig später hatten wir in Europa einen Bruderkrieg.

Meine Eltern verfolgten Tag und Nacht die Nachrichten. Meine Mutter ergriff Partei für die Serben, mein Vater für die Kroaten, meine Tante sagte, sie hasse die Kommunisten noch mehr als die Faschisten. Alle stritten sich, hüben wie drüben.

Als ich ein paar Jahre später in die alte Heimat fuhr, hatte sich einiges verändert. In Sarajevo gab es mehr Friedhöfe als Kirchen und Moscheen, in Zagreb sprangen Nationalisten aus dem Wagen, wenn vor ihnen ein Pkw mit serbischem Nummernschild fuhr, und bei Fußballspielen kam es zu brutalen Schlägereien.

Ich hatte den Eindruck, der Krieg habe die Lage bloß verschlimmert – aber das ist keine ganz neue Weisheit.

Im Theater erzähle ich selten, dass ich vom Balkan komme, zu kompliziert liegen die Dinge, um sie bei einem Latte macchiato zu erörtern. Außerdem treffen im deutschen Musiktheater derart viele Nationalitäten aufeinander, dass es müßig wäre, mit seiner speziellen Herkunft zu prahlen. Was sollen die bedauernswerten Tenöre sagen? Sie kommen aus dem fernen Korea angereist, um als Almaviva bei Rossini oder als Belmonte bei Mozart so zu tun, als wären sie waschechte Europäer.

In den letzten zwei Jahren allerdings sind mir bei meinen Operninszenierungen drei starke Frauen begegnet, als Darstellerinnen von Tosca, Carmen und Traviata, alle drei von erstaunlicher Begabung, aber vor allem mit extremem Ausdruckswillen und Freiheitsdrang. Erst nach und nach ging mir auf, dass alle drei Frauen vom Balkan kamen.

Tosca ist eine eifersüchtige Frau, eine extrem eifersüchtige Frau. Mir ist das nicht fremd, im Gegenteil. Obwohl ich natürlich – wie vermutlich auch Tosca – weiß, wie dumm, unnötig, ja geradezu gefährlich Eifersucht ist.

Also: Tosca ist eine berühmte Opernsängerin in Rom, und sie hat einen Geliebten, den Maler Cavaradossi. Ab und zu treffen sie sich heimlich zum Tête-à-Tête und mehr in seinem Landhäuschen, meistens scheint der Mond dazu, so jedenfalls singen sie. Sie sind ein glückliches, sehr verliebtes Paar, außer ihren Eifersuchtsszenen gibt es wenig zu bemängeln.

Dann wird Cavaradossi von der Polizei festgenommen. Man vermutet zu Recht, er helfe den Revolutionären. Auch unter Folter sagt er nicht aus. Der Polizeipräsident Scarpia, ein schlauer und bösartiger Jagdhund, wird sich

Toscas Eifersucht zunutze machen, um das Versteck des revolutionären Anführers Angelotti zu finden.

Miri kommt aus Albanien und sieht ein bisschen aus wie die Callas, ein bisschen wie die Loren, dabei hat sie das Lachen einer Straßengöre. Sie ist mir sofort sympathisch, auch für sie sind Berührungsängste ein Fremdwort. In meiner Küche erklärt sie mir, was ich zu tun oder zu lassen habe, wir kennen uns gerade fünf Stunden.

Als Miri acht Jahre alt ist, sterben ihre Eltern in einem Feuer. Ein Brandanschlag der Miliz. Sie wird von der Familie des Onkels aufgenommen, der in die USA emigriert, als das Mädchen keine vierzehn ist. Mit sechzehn geht sie alleine zurück nach Europa, denn sie will Sängerin werden.

Sie schlägt sich durch. Meistens als Servier- oder Zimmermädchen, in Österreich hat man sich an Personal vom Balkan gewöhnt. So finanziert sie sich das Gesangsstudium, keine Zeit, um zimperlich oder zickig zu sein. Von Wettbewerb zu Wettbewerb, sie singt in Graz und Wien, Ljubljana und Zagreb. Ab und an singt sie eine Gala in ihrer Heimatstadt, dort feiert man sie wie einen Weltstar.

Miri ist die Tosca in meiner Inszenierung zur Spielzeiteröffnung. Sie braucht keine ausgefeilten Regieanweisungen. Ich sage das Wort »Polizeipräsident«, und sie spielt den Akt durch. Zwischen den musikalischen Phrasen erkenne ich die Wut über den Schmerz, den man ihr als Kind zugefügt hat, die Demütigung, sich nicht wehren zu können. Jetzt hat sie auf der Bühne die Chance auf Freiheit, sie nimmt das Obstmesser und sticht Scarpia, den verhassten Polizeipräsidenten von Rom, nieder. »Muori dannato, muori, muori!«, Stirb, stirb … sie kann es nicht oft genug singen. Dann springt sie, bevor man sie festnehmen kann, in den Tod.

Alma spielt die Carmen. Das ist seit Langem ihr Wunsch, endlich ist es so weit.

Alma stammt aus einem kleinen Städtchen an der Grenze – die Mutter Kroatin, der Vater Muslim, beide mit jüdischen Vorfahren. An einem Morgen sind die serbischen Nachbarn plötzlich in Uniform. Alma ist in diesem Moment noch klein, sie klettert auf einen Stuhl und sieht Männer durch den Garten robben. So lustig es in diesem Moment auch aussieht, es markiert den Anfang vom Ende. Es ist Krieg. In diesem Krieg spielen das Muslimische und das Katholische plötzlich eine große Rolle. Der Vater kommt in Haft, wird gefoltert, die Familie beantragt Asyl und landet in Gelsenkirchen.

Alma darf Nordrhein-Westfalen nicht verlassen. Wenn sie Ferien macht, dann nur mit der Kirchenfreizeit, dort kann sie sich frei bewegen, nur unter dem Deckmantel der Kirche darf sie Deutschland verlassen.

Alma ist groß, hat lange dunkle Haare und grüne Augen. Sie redet nicht viel, und wenn, klingt ihre Stimme ernst und der Tonfall nach Ruhrpott.

Carmen lacht den Soldaten Don José aus, der möchte nämlich, dass Carmen nur ihm gehört, nur für ihn da ist. Selbiges möchte der stolze Torero Escamillo. »Wer mich liebt, der kommt zu mir!«, schmettert er.

Almas Augen werden zu schmalen Schlitzen, wenn

man sie einengen möchte. »Selbstbestimmung«, sage ich, »das ist es, was Carmen will.« Und Alma singt Arie um Arie vom Leben im Krieg und der Freiheit jetzt.

Lilly möchte in Berlin russisch-orthodox heiraten. Das war ihr nämlich untersagt, sie wuchs auf der falschen Seite der Grenze auf. Sie wollte trotzdem nicht weg, man schob sie ab ins Auffanglager Gießen. Jedes Mal, wenn sie als Traviata »Addio del passato« singt, legt sie ihre Geschichte in diese Verdi-Arie.

Schauspieler und Sänger arbeiten immer mit ihren Erfahrungen, ihren Emotionen. Es klingt vielleicht zynisch, aber der Balkankrieg hat meinen drei Hauptdarstellerinnen eine sehr spezielle »Ausbildung« verpasst. Sie verfügen über eine schmerzhafte Vergangenheit, über Erfahrungen, die sie sich zwar nicht ausgesucht haben, die in ihrem Theaterberuf nun jedoch Reichtum bedeuten. Und für jede der drei Sängerinnen ist ihr Beruf die Rettung. Nicht nur Deutschland, auch die Bühne hat ihnen Asyl geboten. Sie sind nicht mehr wehrlos gegenüber einer kriegerischen, männlichen Macht, familiären oder politischen Besitzansprüchen ausgeliefert oder Opfer religiöser Grabenkämpfe.

Die Kunst gibt ihnen Freiheit – und ihr südländisches Temperament sorgt für den Rest. Die deutsche Opernlandschaft profitiert von Sängerinnen, die viel mehr besingen als nur die Liebe.

Ich stelle mir vor, alle Sänger vom Balkan müssten Deutschland verlassen, denn sie sind ja genau genommen nur Wirtschaftsflüchtlinge. Vielleicht müssten die deutschen Opernhäuser nicht gleich schließen, vielleicht könnten sie mit deutschen und koreanischen Sängern ihren Spielplan aufrechterhalten. Aber es wäre öde, und mir würden die Geschichten von Miri, Alma und Lilly fehlen, die durch Tosca, Carmen und Traviata hindurchschimmern. Und ja, ich bin sicher, dass Verdi, Bizet und Puccini genau solche Frauen meinten, oder Jungs?

Angst

»Hast du Angst?«, hat man mich in letzter Zeit häufig gefragt. »Hast du jetzt mehr Angst als früher? Versteckst du dich? Bleibst du zu Hause? Holst du deine Kinder immer und überall ab?« Ich habe trotzig geantwortet: »Nein! Ich habe keine Angst. Und du? Ich habe erst Angst, wenn du keine hast!«

Das war zu spitzfindig, mein Gegenüber kräuselte die Stirn, dachte nach, derweil bin ich schon mal zum Büfett. Vielleicht hätte ich antworten sollen: »Ich will keine Angst haben.« Und schon gar nicht, weil ich Jüdin bin. Ich will nicht, denn Angst essen Seele auf, das hat schon der olle Fassbinder gewusst.

Ganz ehrlich, ganz im Vertrauen, ganz unter uns: Natürlich habe ich Angst. Aber jeder vernünftige Mensch hat jetzt Angst, ob Jude, Nichtjude oder Atheist.

Wenn ein paar brutale, durchgeknallte orthodoxe Terroristen sich und andere in die Luft sprengen, ist das zum Fürchten. Und es wird täglich schlimmer, und es kommt täglich näher.

Paris, Brüssel, Kopenhagen, Istanbul, Nizza, aber auch Sousse, alles nur ein Katzensprung von Berlin. Der IS ist kosmopolitisch. International besetzt mit Engländern,

Franzosen und Deutschen. Das ist das fürchterlich Neue an ihm: Er ist überall und nicht zu erkennen.

Ich habe schreckliche, vollständig bebilderte Zukunftsvisionen, und da ist Angst noch das harmloseste Gefühl. Aber ich will nicht. Ich will mich nicht fürchten müssen. Und ich will mich nicht kleinmachen. Denn so wollen sie mich haben: klein, vor Angst erstarrt, totgestellt wie ein Tier in der Hoffnung, nicht gesehen zu werden. Also schlage ich die überaus freundliche Einladung Netanjahus nach Israel aus, man muss wahrlich nicht jede Einladung annehmen, vor allem nicht von einem so windigen Typen, der bis zum Hals im politischen Morast steht.

Stattdessen krame ich eine Eigenschaft hervor, die ich sonst nicht unbedingt schätze: die Verdrängung. Schädliche, giftige Bereiche, die das Funktionieren des ganzen Körpers einschließlich Seele gefährden, werden abgespalten, abgetrennt. Ich verdränge die aufsteigenden Ängste zugunsten des Mutes. Klingt leichter, als es ist, klappt aber trotzdem. Denn ich will mich weder im Haus verbarrikadieren noch mir meine freche Zunge verbieten lassen. Und vor allem will ich nicht auswandern.

Weggehen und den Terroristen das Feld überlassen? Oder normalen Verrückten, die sich als Terroristen ausgeben, oder anderen Irren, die für verrückte Geheimdienste arbeiten, meinen Lebensraum herschenken? Das wäre ja gelacht.

Ich lebe seit über dreißig Jahren in Berlin, habe umgerechnet zwei Jahre auf der Potsdamer Straße im Stau gestanden, gefühlte zwanzig Jahre auf die Eröffnung des neuen BER-Flughafens gewartet, habe Kohl im Café Möhring beim einsamen Kuchenmampfen, Wowereit beim Knutschen, Merkel beim Schweigen zugeschaut. Und das soll ich jetzt alles sang- und klanglos hinter mir lassen, bloß weil ich irgendwelchen rassistischen, frauenfeindlichen Extremisten nicht heilig genug bin?

No way!

Oben auf meiner To-do-Liste steht: Keine Angst haben. Und meine To-do-Listen sind mir heilig. Ich werde, anstatt mich zu Hause einzusperren, zum Sechs-Tage-Rennen gehen, Unter den Linden promenieren und mit Aykut und Serpil beim Hasir in der Adalbertstraße so viele Döner essen, bis uns wirklich schlecht ist. Ich werde das friedliche Berlin so eifrig verteidigen, bis alle anderen gehen. Ist das klar? Klingt nach einer Kampfansage, ist es auch.

Also, lieber Bibi Netanjahu, du wirst ohne mich auskommen müssen, denn ich fühle mich wohl in Deutschland. Das mag den einen oder anderen verwundern, denn Pegida ist kein Kochkurs, und auch in der BRD mangelt es dank AfD nicht an rassistischen, antisemitischen Äußerungen. Im Gegenteil, sie werden zunehmend salonfähig, auch im Parlament.

Aber es gibt viel mehr Andersdenkende und eine Demokratie, die es mir erlaubt, mich gegen Rassismus aufzulehnen. Wo mir zugehört wird, wenn ich protestiere, und ich nicht gleich zur Uzi oder Kalaschnikow greifen muss, um meinen politischen Gegnern zu antworten.

Ich werde, wenn mir danach ist, weiter zum Karneval auf die Straße gehen, werde mir das Feiern oder Protestieren, öffentlich und in Gesellschaft, nicht nehmen lassen oder werde allein auf meinem Sofa Satiremagazine lesen. Vielleicht werde ich auch nichts von alldem tun. Aber ich könnte, denn in meinem Land ist es erlaubt.

Ich lasse mir das Leben nicht verbieten, von Leuten mit wahnsinnigen Maßstäben schon gar nicht.

Schlaflosigkeit

Wann immer ich nachts wach werde, mein Sohn David ist schon wach. Oder immer noch. Mal schaut er die neusten amerikanischen Serien, mal liest er in historischen Magazinen oder schaut die Nachrichten auf Spiegel online. Da würde ich auch nicht mehr schlafen können. Er sagt, er leide an einer schweren Form von Schlaflosigkeit, ich bin mir da nicht so sicher. Morgens scheint er nicht mehr darunter zu leiden, er schläft bis tief in den Tag, schaut träge auf sein iPhone, schließt die Augen wieder.

Mein Vater, also sein Großvater, war nicht unähnlich, gleich nach der Tagesschau schlief er ein, um zwei, drei Uhr nachts war er wieder wach. Dann verfolgte er auf allen Radiosendern des In- und Auslands die Nachrichten, ging frisch gebadet um sechs Uhr zur Arbeit in die Klinik und beklagte sich bitterlich, dass nicht alle schon so munter waren wie er. Natürlich war er beleidigt, wenn man ihm sagte, er leide nicht an Schlaflosigkeit, er habe einfach einen verkehrten Rhythmus.

Diese Semesterferien war es bei David besonders schlimm. Ich überlegte, mir Rat zu holen.

Generell gilt ja, sind die Kinder einmal ausgezogen,

sollte man sie nicht wieder beherbergen. Man fällt augenblicklich in alte Mechanismen zurück, auf beiden Seiten: *Ist das nicht meine Jacke? – Yes Mam! – Ich finde nicht, dass meine Anziehsachen automatisch auch dir gehören. – Sei mal nicht so spießig! – Lenin hat den Kommunismus anderes verstanden, lies mal* Das Kapital. *– War nicht Lenin, war Marx, Mama … – Wann gedenkst du, wieder abzureisen, fängt die Uni nicht bald an?*

Was mir aber ernsthaft Sorgen macht, ist die innere Unruhe, die David packt, sobald er bei Dreilinden Berlins Stadtgrenze überschreitet. Es ist eine Mischung aus »bloß nichts verpassen« und »es ist mir alles zu viel«. Weil er vier Monate lang nicht in seiner Geburtsstadt war, geht er die erste Woche praktisch durchgehend aus, um die zweite krank im Bett zu verbringen. Halsweh, Kopfweh, Husten. Auch das noch nichts Ungewöhnliches.

Nachdem alle Ärzte konsultiert, alle Allergietests überstanden sind und besagen, der Junge sei kerngesund, bleiben noch weitere vier Wochen Semesterferien.

Wenn wir uns mitten in der Nacht oder in den allerfrühsten Morgenstunden auf dem Sofa treffen, herrscht eine besondere Stimmung, eine Art Schwerelosigkeit. Die Streitereien vom Tage liegen scheinbar weit zurück, das Gewicht des Alltags, des neuen Tages drückt noch nicht auf die Seele, wir können entspannt miteinander plaudern. Warum ich um diese Zeit wach bin, lasse ich mir nicht anmerken. Mich halten bohrende Gedanken wach, ob das Geld reicht für Winterreifen und Implantat, ob ich die letzte Operngage nicht unbedingt hätte höher verhandeln müssen, wieso männliche Regisseure noch immer mehr verdienen als ihre Kolleginnen. Dass *ich* nachts nicht schlafen kann, hat seine Gründe. Aber mein Sohn?

»Bist du eigentlich auf der Uni auch so fahrig?«, frage ich unschuldig. Was, wenn er das Studium abbricht und wieder ganz nach Hause zieht?

»Nein«, erwidert er sehr kurz angebunden und liest weiter.

»Also, was ist es dann … irgendwas muss es doch sein … normal ist das nicht!« Ich bin so mutterlike, dass ich mich freiwillig schäme.

Stille.

Stille.

»Berlin macht mich fertig!«, presst er nach einer Weile durch die Lippen.

Ich lache: »*Dein* Berlin macht dich fertig? Was soll das denn heißen? Geh halt nicht so oft aus … Wer zwingt dich dazu?« Das muss gerade ich sagen, die ich auf das Gefühl abonniert bin, immer irgendwo irgendwas zu verpassen – was, wenn man es genau überlegt, bei den Dimensionen, die der Globus hat, durchaus wahrscheinlich ist. Noch heute gräme ich mich wegen Partys, die ich zu früh verlassen habe, wegen Küssen, die nicht getauscht wurden, darin ist meine Erinnerung lückenlos!

Es gab im alten Westberlin drei Clubs, die etwas zählten: *Dschungel, Far Out* und *Abraxas*. Später kamen das *90 Grad* dazu und ein paar andere Läden. Aber mehr oder minder war es das schon. Das *Far Out* wurde von den Sannyasins betrieben. Man konnte gut tanzen, um Mitternacht umarmten sich alle und hatten sich lieb. Jeder

34

wurde reingelassen, auch mein dicker Freund Aaron, der aussah wie ein bacchantischer Bankdirektor und wie ein Gott tanzen konnte. *Abraxas* war Latino. Ich kannte den Barkeeper. Südamerikanische Musik nervt auf die Dauer ein bisschen, aber der Schuppen war entspannt und die Getränke umsonst.

Ich aber hatte den Schlüssel zum *Dschungel*. Wieso und woher weiß ich nicht mehr. Der Laden war mein zweites, vielleicht sogar mein eigentliches Zuhause. Der DJ EMM legte begnadet auf, viel schwarzes Zeug, dazu Ska und Punk, ein Springbrunnen stand in der Mitte des Raumes, einige sind reingefallen. Spätestens dann mussten sie nach Hause. Nicht selten zeigte die Uhr urplötzlich 6 AM, ich ging direkt ein paar Straßen weiter ins *Schwarze Café* frühstücken, anschließend in die Uni. Um uns herum war die Mauer, überschaubares Programm, von Überforderung keine Spur. Ich weiß aus sicherer Quelle, dass Monika, die mit den schwarz umrandeten Augen, das Tablett hoch über ihrem Kopf balancierend, die Personifikation des *Dschungel*, kürzlich in Rente gegangen ist. »Kinder, wie die Zeit vergeht!«, sage ich jetzt nicht zu meinem Sohn, aber ich denke es kurz.

»Die Stadt ist fahrig und nervös, nicht ich ...«, höre ich David nuscheln. »Das war nicht immer so, aber inzwischen ... zu viel los, zu viel Hipe, überall Trends, absolute Geheimtipps, special guests only, zu viel, zu viel, ständig ziehen Leute her, die es sagenhaft toll in Berlin finden, ist es wahrscheinlich auch, halb Tel Aviv zieht hierher, in die alte Reichshauptstadt, allen gehört die Stadt – nur ich, ich kann mich hier nicht mehr finden.«

Er meint es ernst. Ich werde zuhören und ausnahmsweise keinen witzelnden Kommentar abgeben.

»Wenn es schon alles gibt, wo hinterlasse ich meine Spuren? Wo zeige ich etwas Neues, wo erfinde *ich* die Welt neu? Hier ist kein Platz mehr. Alles ist da, alle sind wichtig, ich werde hier verrückt, ohne mich überhaupt bewegt zu haben.«

Ich bin mir nicht ganz sicher, ob ich David richtig verstanden habe, aber dass man seine Fußabdrücke hinterlassen möchte, leuchtet mir ein.

Freie Gruppe, Off-Theater hieß damals, was wir machten. Wir fühlten uns unglaublich »in«, irgendwie ganz vorne. Ich würde nicht meine Hand dafür ins Feuer legen, dass wir genial waren, aber dass wir in irgendeiner Form Avantgarde waren, das glaubte ich damals, und das glaube ich auch heute noch. Wir fühlten uns wie Pioniere, wir erfanden die Welt, das Theater, die Kunst neu. Wir waren die Weltmeister im Fußabdrücke-Hinterlassen. So muss das sein, wenn man jung ist. Dass man nervös wird, wenn das nicht möglich ist, verstehe ich nur zu gut.

Wenn ich es also richtig begreife, bringt die Gegenwart die Kids in eine Art Implosion, in vibrierende Untätigkeit. Dann wird die Flucht ins Vergnügen ergriffen. So eine Art Leistungsdruck, es zumindest in der Freizeit zu etwas zu bringen.

Es könnte aber auch eine geniale Ausrede dafür sein, immer weiterzufeiern und sich – traurigerweise – für nichts und niemanden entscheiden zu müssen.

»Ich habe große Teile der Welt bereist«, höre ich meinen Helden aus den Tiefen des Familiensofas murmeln,

»aber nun werde ich absichtlich länger in kleineren Orten bleiben. Mit Freunden zusammenleben, studieren, Konzentration im Kleinen herstellen. Vielleicht klappt es so.«

Land-Kommunen, geht es mir durch den Kopf, WGs, Kollektive, Carsharing.

»Je überschaubarer dein Radius, desto besser wirst du dich fühlen«, spricht die Profi-WG-Mutter. »Und stress dich nicht so, wir waren damals ...«

Das leise Knattern ist Davids Atem, er ist eingeschlafen, mitten in meinem Satz. Draußen höre ich die Müllabfuhr, es ist kurz vor sieben, Zeit, Davids Bruder für die Schule zu wecken.

Es war eine gute Zeit, damals, Kollektive und WGs inbegriffen. Im Kosmos Kunst, Theater und Musik war mein persönlicher Gott Prince. Er hat bis zu seinem viel zu frühen Tod einfach weiter Musik gemacht, ein Album nach dem anderen rausgebracht, sich keine Sorgen darüber gemacht, dass es zu viel von seiner Musik geben, er keine Fußspuren mehr hinterlassen könnte. Ich decke David zu und summe »Sometimes it snows in April«. Was für ein Song!

Arabische Geschäfte

Die letzte Staffel von *Avoda Aravit,* oder wie es auf Deutsch hübsch heißen würde: *Arabische Geschäfte,* hat bei der jährlichen Israelischen Film- und Fernseh-Preisverleihung wieder abgesahnt. Es gab Auszeichnungen in den Sparten beste Komödie, bester Hauptdarsteller, beste Hauptdarstellerin, bester Regisseur und vor allem: bestes Drehbuch!

Avoda Aravit läuft im israelischen Fernsehen zur Hauptsendezeit, und obwohl Themen mit arabischem Migrationshintergrund bei den Israelis in der Regel als idealer Stimmungskiller gelten, hat diese Serie eine Riesenfangemeinde.

Der erste Besucher aus dem Heiligen Land wurde dazu verdonnert, mir die erste Staffel mitzubringen. Dit wolln ma doch mal sehen …

Es dauert eine Weile, bis ich die Untertitel gefunden habe. Die Serie scheint nicht für den Export konzipiert. Wer kein Arabisch oder Hebräisch kann, ist selbst schuld! Endlich finde ich lateinische Schrift, los geht's.

Die Darsteller sprechen rasend schnell Hebräisch und wechseln genauso schnell ins Arabische, rudimentäre

Untertitel hecheln hinterher. Mir geht's nicht anders. Ich nehme einen doppelten Espresso, das kann ja heiter werden. Die Grenzen zwischen Gut und Böse werden in halsbrecherischem Tempo überschritten, Freund und Feind wechseln so schnell die Seiten, dass man glauben könnte, man wäre auf die Fast-forward-Taste gefallen. Nebenbei kann ich das nicht erledigen. Ich setze meine Brille auf, schließe mich ein und katapultiere mich in einer Nacht durch die ersten sechs Folgen.

Amjad, der Hauptdarsteller, ist Journalist, ein gutmütiger Mann mit einer schönen, humorvollen, vor allem geduldigen Ehefrau und einer netten Tochter, mit denen er im Hause seiner nicht unanstrengenden Eltern lebt. Was er aber vor allem hat, ist eine Identitätskrise von der Größe des Ozonlochs. Er ist Israeli, Moslem, Araber. Oder israelischer Palästinenser? Oder muslimischer Israeli? Oder …

Am liebsten allerdings wäre er israelischer, jüdischer als seine gesamte Umgebung. Dann wäre alles gut, dann würde er Ruhe geben, dann wäre Frieden in und um ihn. Diese Vision teilen nicht alle, wie man sich vorstellen kann. Am wenigsten seine Familie.

Amjad träumt von einem Auto, das ihn nicht gleich als Araber identifiziert. Von einem Pessachfest, bei dem Muslime die Vorbeter sind. Von einem jüdischen Kindergarten für seine Tochter und dergleichen mehr. Er bittet seinen jüdischen Arbeitskollegen und Freund, den Fotografen Meir, um Hilfe. Meir, intellektuell nicht die größte Leuchte, unterstützt ihn nun bei dem Versuch, ein perfekter Israeli zu werden. Die beiden bilden ein schlagkräftiges Duo, dem kein Fettnäpfchen zu klein ist, um nicht hineinzutreten.

Das ist grandios! Hier wird nicht einfach nur mit allen erdenklichen Vorurteilen, Klischees und Feindbildern jongliert. Amjad versucht, jüdischer zu sein als die Juden. Er hasst sein Gegenüber nicht, nein, er verehrt es. Amjad studiert die Seele seiner Juden, um ganz so zu werden wie sie. Sein arabisches Inneres, seine arabische Umgebung und Familie werden schonungslos mitgerissen. Genialer Schachzug. Mir ist klar, warum diese Serie, die das nicht unkomplizierte Verhältnis zwischen Israelis und Arabern zum Thema hat, Kult geworden ist.

Endlich begreife ich durch Amjad den komplexen und filmreifen Alltag zwischen Israelis und Palästinensern, so wie ich erst durch Mr Bean England und James Bond verstanden habe.

Jeden Morgen, wenn ich zu meinen Opernproben komme, erzähle ich atemlos und übernächtigt von den abends gesehenen Folgen. Wir kämpfen uns gerade durch Verdis *Nabucco*, die jüdische Gefangenschaft in Babylon. Ismael, der Neffe des Königs von Jerusalem, und Fenena, die Tochter Nebukadnezars, sind ein heimliches Liebespaar. Konsequenterweise hat Verdi auf ein Liebesduett zwischen den beiden verzichtet. Die Dramaturgin bewundert Verdi für seine eindeutige Haltung, aber die Sänger hätten lieber ein saftiges Liebesduett ... Um die Kompliziertheit der Lage zu verdeutlichen, und warum es nicht einfach ist für Israelis und Palästinenser, im Duett zu singen, erzähle ich ihnen von meinem nächtlichen Kontrastprogramm. Der koreanische Tenor und die russische Sängerin hören mir brav und aufmerksam zu, ohne wirklich zu begreifen, was genau das mit ihren Arien zu tun haben könnte.

»Was ist der wundeste, empfindlichste Punkt eines Mannes? Nein – nicht, was ihr denkt!

Sein Auto natürlich. Die Frage ist: Wie zeige ich kraft meines Autos sofort jedem, wer ich bin? Für Amjad muss das ein Volvo sein. Ein Volvo ist assimiliert. Amjad fährt Toyota. Ein Toyota aber ist, das bestätigt ihm Meir, ein durch und durch arabischer Wagen. Und das ist genau, was Amjad nicht will: Araber sein. Oder als solcher erkannt werden.

Oder das Thema duschen! Amjads Dusche im palästinensischen Teil der Stadt funktioniert natürlich lange nicht so gut wie die Dusche seines Freundes Meir im israelischen Sektor. Amjad würde alles tun, um duschen zu können wie ein Jude. Der Jude und die Duschen – klingelt es?«

Die Sänger schauen mich fassungslos an.

»Versteht ihr denn nicht? Wenn es einen gemeinsamen gleichwertigen Staat gäbe, würde man dort auch gemeinsam singen. Dem ist aber nicht so! Im israelischen Teil gibt es schicke Autos, funktionierende Duschen etc. ... Solange das nicht für beide Teile gilt, gibt es auch keine Duette.«

»Originelle Erklärung«, meint die Dramaturgin spitz, scheint aber alles andere als überzeugt.

»Schau, meine Liebe«, setze ich nach, »nicht einmal vor Duschköpfen wird haltgemacht in dieser Serie. Gott sei Dank! Erst wenn seine Ehefrau die hochgerüstete Dusche nicht mehr als verdruckste Assimilation empfindet, sondern als Glück, als Verwirklichung eines glücklichen Lebens im Staat Israel – erst dann darf sich Amjad freuen: Ihm ist nicht nur die Metamorphose zum Israeli geglückt, Amjad zeigt, wie es wäre, wenn alle so duschen dürften, in einem gemeinsamen Staat unter der Dusche zusammen singen könnten …«

»Aber in Babylon es noch keine Duschen, auch keinen Volvo gab«, wirft mein koreanischer Startenor ein, er ist ein helles Köpfchen.

»Natürlich, lieber Kim«, sage ich, »natürlich, aber der Blick ins heutige Israel wird uns das babylonische Opernexil verständlicher machen, glaub mir. Amjad bekämpft nicht seinen Feind, er liebt ihn, will sein wie er! Das nenn ich Assimilation! Damit hebelt er die Unterschiede nicht aus, er verdreht sie. Sie werden auf diese Weise sogar noch deutlicher, aber es bleibt charmant, witzig und für den Zuschauer verdaulich. Es ist ein liebender und ironischer Blick, und das ist der Schlüssel. Ob Verdi mit seinem Nabucco auch schon so weit war oder ob es ihm vor allem um die Musik ging, weiß ich nicht.«

Von nun an erwarten mich meine Sänger täglich am Eingang und fiebern den neuesten Entwicklungen entgegen: Wie geht es unserem Anpassungshelden? Ist er schon der König von Jerusalem?

In *Nabucco* steht das Streben des jüdischen Volkes nach Freiheit im Mittelpunkt. Heutzutage möchten die Palästinenser ein freies Leben in Palästina führen. Blutvergießen ist an der Tagesordnung wie vor Tausenden von Jahren. Und da kommt so eine Serie und wirbelt alles durcheinander: Alle sind paranoid, alle sind meschugge, jeder hat recht und unrecht und ist somit unendlich liebenswert. Keine Seite wird verschont. Intellektuelle, linke, schnöselige Israelis bekommen genauso ihr Fett weg wie Autos klauende Araber. Lieb gewordene Klischees werden vorgeführt und im selben Augenblick zerschlagen. Gnadenloser Humor, politisch unkorrekt, um den immensen Schwierigkeiten, die ein Zusammenleben in Palästina mit sich bringt, Paroli zu bieten, zu trotzen.

Die hebräische Presse jubelt, die arabische spricht von Nestbeschmutzung. All das spielt keine Rolle, sage ich, denn mit *Avoda Aravit* ist eine arabische Familie im israelischen Wohnzimmer angekommen! »Begreift ihr«, sage ich zu meinen Opernsängern, »es ist, als würden *Sturm der Liebe* und *GZSZ* komplett türkisch besetzt! Oder um in Babylon zu bleiben, als würde der Gefangenenchor zum Neujahrsempfang des Nebukadnezars ein Ständchen geben und der Palästinenserchor im Zentralrat der Juden jubilieren … «

Meine Erklärungen hinken, aber die Sänger nicken. Sie wollen beim Bundespräsidenten singen, egal zu welchem Anlass. Die Dramaturgin ist besorgt, hat die Intendantin informiert. Wir sind derweil gerade bei der Analyse der »Hundefolge«:

Juden und Hunde. Keine unbedingt glückliche Liaison. Auch da denkt man schnell an die Schäferhunde im Lager. Aber auch Araber und Hunde scheinen kein einfaches Verhältnis zu haben. Frage: Kann ein Hund einen Araber riechen? Und wenn ja, was muss der Araber tun, damit der Hund ihn nicht mehr als Araber identifiziert?

»Übertreten! Übertreten!«, brüllt der gesamte Herrenchor während der Probe.

»Aber das würde Amjad nie machen! Übertreten?! Er will sich nur so fühlen wie ein Jude! Versteht ihr das denn nicht?«

»Er will Araber bleiben in Israel«, entgegnet der Sänger, der den babylonischen Oberpriester gibt. Die Probe endet in einer hitzigen Debatte: Übertreten ja oder nein?

Die Intendantin bittet mich in ihr Büro, fragt, ob sie den Amtsarzt benachrichtigen soll und was in mich gefahren sei.

Ich versuche ihr zu erklären, dass ich mich über die Diskussionen freue, dass sie zeigen, wie aktuell Oper doch sein kann, dass alles besser sei, als zu schweigen:

»Kommt das Gespräch auch in unseren Breitengraden auf das diffizile Verhältnis zwischen Israelis und Arabern, ist jede Stimmung dahin. Bestenfalls sind alle betroffen. Oft wird diskutiert, nie gelacht. Natürlich, verständlich. Zwanzig Prozent aller Israelis sind Araber. Sie leben oft in erbärmlichen Verhältnissen. Die anderen Israelis halten sie für ein unberechenbares Risiko. Araber halten die Israelis für brutale Besatzer. Recht haben beide. Gleichzeitig ist es nicht die ganze Wahrheit. Es gibt noch etliche andere Aspekte, die ich ausführen könnte …«

Ich habe vergessen, Luft zu holen, die Intendantin hat ebenfalls Schnappatmung. Bevor ich das Büro verlasse, muss ich unterschreiben, dass ich ab sofort weniger explosives Studienmaterial für die *Nabucco*-Proben benutze.

Die Sänger und ich sind auf Serienentzug. Depression macht sich breit. Missmutig haben wir die Proben wieder aufgenommen. Ich tröste sie und mich damit, dass die Serie bestimmt in Kürze auch in Deutschland ausgestrahlt wird.

»Weißt du, wenn hätte Verdi *Avoda Aravit* gesehen, sein Nabucco heute wäre völlig anderer!«, sagt Kim in seinem speziellen Deutsch, dann geht er zum Einsingen.

Und ich denke, er hat absolut recht, wenn Verdi *Avoda Aravit* gesehen hätte, hätte sein *Nabucco* viel mehr Humor.

Und da wären wir wieder einmal bei meinem Lieblingsthema – dem Humor und dem Lachen –, vor allem über sich selbst, gerade wenn es vordergründig eigentlich nichts zu lachen gibt. Geht denn das? Darf man das? Ist es erlaubt?

»Ja, was denn sonst?«, möchte ich brüllen. »Man muss sogar!«

Vielleicht führt *Avoda Aravit* nicht zur großen Liebe zwischen Juden und Muslimen, aber zu einem entspannteren, gleichberechtigteren Verhältnis allemal.

Lieber Gott, mach, dass auch hier solche Serien produziert werden. Mach, dass ein Türke oder ein Bosnier die Helden sind. Schick den Öffentlich-Rechtlichen eine Staffel *Avoda Aravit* zusammen mit den herausragenden Quoten, vielleicht begreifen sie dann endlich?

Deutschland fährt Rad

Ja, Deutschland fährt Rad. Die Dicken, die Kleinen, die Ausgemergelten, die Alten, die Frauen, alle sind sie mit dem Rad unterwegs. Und ich meine nicht auf dem Rad mal eben zum Markt, sondern Fernradwege, Routen quer durch ganze Bundesländer, die schöne weite Welt per Drahtesel.

Ich finde das gut. Radfahren ist gesund, umweltfreundlich und herrlich leise. Lediglich bei der Wahl der Bekleidung könnte der eine oder andere eine liebevolle Beratung gebrauchen. Diese engen Höschen, dieser aerodynamische Helm, auch die Farben, nicht jeder ist ein Pantani im Gelben Trikot, aber ich will nicht kleinlich sein.

Die Sache mit dem Urlaub ist ohnehin kompliziert geworden. Bei dem Wort Nizza denkt niemand mehr an Ferraris oder Brigitte Bardots Körbchengröße.

Auch andere beliebte Reiseziele wie Sharm El Sheikh oder Sousse wurden Ziel brutaler Attentate, blasse, erschöpfte Touristen mussten ihr Leben lassen, nur weil sie im Jahresurlaub ihren Rücken brutzeln wollten. Die Bilder waren schockierend, nein, da will man nicht hin. Mir war nicht klar, dass Badeurlaub per se für die islamistischen Terroristen schon Gotteslästerung ist, man lernt nie aus.

Andere Paradiese sind von Tsunamis, Erdrutschen und Flutkatastrophen bedroht oder schon dem Erdboden gleichgemacht. Und bei Ländern wie Griechenland oder Portugal weiß man nicht, ob es besser ist, hinzufahren und mit Euros zu helfen, oder es sein zu lassen und den angeschlagenen Hund seinem Schicksal zu überlassen. Der Deutsche, hört man es flüstern, früher gern einmarschiert, jetzt mit dem Rettungsschirm bei der Hand …

Alles schrecklich, alles kompliziert, aber die Herbstferien nahen, die freien Tage müssen begangen werden, sonst sind die futsch wie der nicht begangene Mord an der Schwiegermutter. Na gut, der Vergleich hinkt. Wo soll man hin, was kann man tun, fragt sich der Otto Normalverbraucher – und ich will ehrlich sein, ich mich auch.

Meine lesbische Freundin Inga hat sich für Berlin-Dresden-Prag entschieden, immer an der Elbe lang. Die Direktorin der Grundschule radelt durchs Baltikum. Und Bea fährt mit ihrer Kindergartenfreundin den Mönchsweg entlang, weil diese gerade von ihrem Ehemann verlassen wurde. Elbe, Baltikum, Mönchsweg. Das klingt vielversprechend, das will ich auch. Am liebsten alles gleichzeitig.

Mein Mann ist sofort außer sich vor Freude, er liebt es, Fahrrad zu fahren, am besten auf Tempo und sehr lang oder wenigstens sehr steil. Aber er würde auf den Schweiß und die Athletik verzichten, wenn er mir endlich die Vorteile und Schönheit einer Radtour nahebringen könnte. Meine zarten Überlegungen werden sofort in Fahrradtaschen (wasserdicht), Radkarten (ebenfalls wasserdicht) umgesetzt, für wasserdichte Kleidung reicht meine Hingabe nicht. Mein altes Rad ist schwergängig, »musst du halt ein bisschen fester treten«, lächelt mein Gatte von seinem edlen Ross herunter.

Schon sind wir unterwegs, Ostseeradweg, notfalls schwimmen, sag ich mir …

Man muss, will man nicht von Berlin aus starten, mit der Deutschen Bahn zunächst zum Startpunkt kommen. Das klappt in der Regel gut, nur hat sich die Bahn auf das massive Fahrradaufkommen nicht eingestellt. Pro IC gibt es an die zehn Fahrradplätze, alle anderen nehmen die Regionalbahn, und das sind dann die restlichen einhundertzweiundzwanzig Radfahrer. Mit ihren wasserdichten Taschen, Radkarten und imprägnierten Kindern. Hunde sind dabei, gelegentlich auch Anhänger.

Niemand ist an die Côte d'Azur gefahren, alle reisen durch die BRD und alle mit dem Rad.

Der deutsche Ostseeradweg ist sehr schön, man wird belohnt für die strapaziöse Anreise (hätte man acht Monate vorab gebucht, hätte man vornehm IC fahren können): Felder und Sonnenblumen und dazwischen das glitzernde Meer.

Ich bin eine moderate Radfahrerin, maule nicht, wenn es bergauf geht, werde nicht ekstatisch bei Talfahrten. Schaffe bis zu neunzig Kilometer am Tag, lieber sechzig, und noch lieber mache ich viele Pausen zwischendurch, um zu baden und zu essen. Diese Punkte der Tagesordnung scheinen jedoch gestrichen: Das Meer ist schon zu kalt, und der Norden hat seine Gasthöfe abgewickelt, Ost wie West: gastronomische Einöden. Natürlich haben wir nicht im Voraus gebucht, Fahrradfahren heißt Freiheit, *carpe diem*. Die Suche nach einer abendlichen Unterkunft gestaltet sich abenteuerlich, voll oder überteuert, das hat man nun von seiner Risikofreude! Aber das ist nichts gegen den Versuch, tagsüber ein Café zu finden.

Ich verstehe das nicht: Hübsche kleine Dörfer, putzige Backsteinhäuser, die Gärten picobello gepflegt, die Hecken geometrisch geschnitten, der Rasen hat Wimbledonniveau, und nirgends ein Mensch. Wo sind alle? Im Baumarkt? Bei Möbel Hübner? Auch keine Gasthöfe, keiner hat Hunger. Keine Wirtschaft, keiner hat Durst. Was man findet, sind ranzige Kioske, fettige Imbisse, die meist zu Campingplätzen gehören. Abgestandener Kaffee kostet dort ein Vermögen, Preise wie an der Piazza San Marco in Venedig. Für jeden gefahrenen Kilometer werden noch zehn Cent obendrauf geschlagen.

Die Jugendherberge will für ein Mehrbettzimmer sechzig Euro, Etagenbetten wie im Internat, Duschen auf dem Flur, ich will nach Hause.

Außerdem habe ich immer Gegenwind. Das ist so am Meer, sagt mein Mann, ich solle das nicht persönlich nehmen. Ständig überholen mich übergewichtige Muttis, mein Ehrgeiz ist geweckt, ich stemme mich gereizt in die Pedalen. Als mir klar wird, dass sie einen winzigen Motor am Gestell haben, bin ich außer mir vor Wut. Vermutlich hat Papi der Mutti zu Weihnachten ein Elektrofahrrad gekauft, er war es leid, nach jedem Hügel auf sie zu warten. Ganze Schwärme untrainierter Urlauber rasen an mir vorbei, ich höre sie sagen: »Herrlich! Und abends ist man gar nicht müde.«

Neue Losung: »Wir fahren in den Süden«, sagt mein Mann, »da gibt es Gasthöfe und keinen Wind.« Wieder RE 3245, wieder Lokalbahnen. Das Klima in Deutschland hat sich nach der Erderwärmung selbst im Oktober auf erstaunliche Temperaturen eingependelt, aber leider ist die *Aircondition* defekt, dafür lassen sich praktischerweise die Fenster auch nicht mehr öffnen. Wenn ich zu Hause bin, kaufe ich mir Aktien von der Deutschen Bahn, da gibt's noch jede Menge Entwicklungspotenzial!

Der Süden ist sehr schön. Felder und Sonnenblumen und kein Gegenwind. Dafür Gastwirtschaften ohne Ende. Da hat's den fränkischen Bierweg und den bayerischen Bierweg. Man kann den Main entlangfahren, allerdings an der B26 entlang. Der Main ist ein Verkehrsweg, breit und ein bisschen langweilig, aber es gibt den Main-Wein-weg, und dann, nach Kilometer hundertsechsundfünfzig, kann man links in das Taubertal abbiegen, an dem kleinen Fluss entlangfahren. Die Tauber ist sehr schön und hat den Tauber-Weinweg.

Feste allerorten, der Süden ist in Feierlaune, alle sind auf der Straße, und zu den Bier- und Weinspezialitäten kann man wahlweise Blaue Zipfel oder Hirsch in einer fast schwarzen Soße probieren.

Die Wege sind gesäumt von Apfel-, Birnen- und Pflaumenbäumen, Deutschland ein Paradies, nur leider, leider sind in diesem Paradies Betten Mangelware. Entweder sind sie schon belegt von eifrigen Frühbuchern, oder es gibt sie einfach nicht. Kein Platz für die echten Romantiker, für Pfadfinder wie uns.

Ich bekomme SMS von der Elbe und vom Mönchsweg, wie schön Deutschland sei, eine Landschaft, die Gefühle und Erinnerungen an vergangenes Glück wecke, an Kindheit, an Ritter und Feen, voller Felder und Sonnenblumen.

Die verlassene Ehefrau und meine Freundin haben im Kloster geschlafen und ziehen ein Leben ohne Männer in Betracht, von der Grundschuldirektorin im Baltikum fehlt jede Spur. Vielleicht hat sie im ehemaligen Ostpreußen ein Café eröffnet?!

Eine Radtour ist heutzutage eben noch eines der wenigen echten Abenteuer!

Hohe Feiertage

Es ist unwiderruflich Herbst. Das ist ganz offensichtlich, jedenfalls in Berlin. Es regnet, und sofort ist kein Durchkommen mehr am Landwehrkanal oder am Nollendorfplatz. In der Uhlandstraße ist es aussichtslos, in welche Richtung auch immer abzubiegen. Überall Stau, alles eine riesige, nasse Baustelle: »Wer jetzt kein Haus hat, baut sich keines mehr ...« Haben sie alle plötzlich Rilke gelesen?

Mich überkommt immer eine leichte Wehmut, wenn die Zugvögel kreischend über den Innsbrucker Platz gen Süden ziehen. Ich will mit.

Schon der 3. Oktober, der Tag der Deutschen Einheit, war wie jedes Jahr ein verlässliches Indiz dafür, dass es vorbei war mit der Sommerfrische. Kein Sender, der nicht darüber berichtete, man könnte meinen, die Mauer sei erst gestern gefallen. Je länger das Ereignis zurückliegt, desto emsiger wird darüber berichtet, das Wort der Stunde heißt »Heimat«. Auch ich wurde in diese Suche mit eingebunden, keine Lesung, bei der nicht eine Zuhörerin fragte: »Und was ist Ihre Heimat?«

Sofort werde ich bei dieser Frage kratzbürstig: »Heimat, ein überbewerteter Begriff!«, antworte ich pampig, frage mich hinterher im Hotelzimmer, ob es daran liegt, dass ich keine Heimat habe oder zu viele Heimaten? So es überhaupt einen Plural von Heimat gibt.

Ich habe Standardantworten, als da wären: »da, wo meine Freunde sind«, »da, wo ich arbeite«, oder an guten Tagen »Berlin«. Ja, Berlin kann Heimat sein. Man kann in München zehn Jahre leben, man bleibt ein »Neig'schmeckta«. Und wenn man nicht in dritter Generation in Hamburg ansässig ist, ist man kein Hamburger. Aber es reicht ein Tag, und man fühlt sich als Berliner, ja man *ist* sogar einer. Das berühmteste Beispiel ist der junge Mann, der vor dem Rathaus Schöneberg stammelte: »Ick bin ein Berliner.« Er war gerade mal vierundzwanzig Stunden in der Stadt.

Gebürtige Berliner gibt es in Berlin auch. Sie kommen aus Bezirken wie Staaken oder Karlshorst. Sie berlinern, was das Zeug hält, sind aber ansonsten ganz nett. Das Sechs-Tage-Rennen verbuche ich unter »Heimat«, dicht gefolgt vom Berlin-Marathon. Viele Berliner verfolgen mit Kind und Kegel ihre Radsporthelden oder trommeln an den großen Kreuzungen für die vierzigtausend Läufer, die sich der sportlichen Strapaze aussetzen. Es gibt Currywurst und Berliner Weisse, beides schmeckt ähnlich, und alle gehen glücklich und halb taub wieder nach Hause. Man kann in Berlin an einem einzigen Tag mindestens drei unterschiedliche Sorten Heimat erleben.

Manchmal ist meine Religion meine Heimat. Besonders an den Hohen Feiertagen im Herbst: Rosch ha Shana (Neujahr), gefolgt von Jom Kippur (Versöhnungstag) neun Tage später, um dann gleich von Sukkot (Laubhüttenfest) abgelöst zu werden. Als sie noch zur Grundschule gingen, hatten meine Kinder praktisch gleich nach den Sommerferien zwei Wochen frei, und ich habe mich immer gefragt, wie das gehen soll: Wie will man das auserwählte Volk sein, ohne lesen und schreiben zu können?

Ich bin eine absolut assimilierte Jüdin, ich begehe eigentlich nur die Hohen Feiertage im Herbst, dazu noch Pessach im Frühling und Chanukka im Winter. So wie andere Leute Weihnachten und Ostern feiern, und dazwischen gehen sie arbeiten, in die Ferien und so weiter.

Aber die Hohen Feiertage sind mir heilig, ich freue mich auf die erwartungsvolle Stimmung in den Synagogen, auf das Blasen des Schofars, des Widderhorns, zu Rosch ha Shana und natürlich darauf, alle wiederzusehen. Manchmal mache ich Synagogen-Hopping, die Gottesdienste und Gebete dauern lang genug, um von Synagoge zu Synagoge zu ziehen und alle zu treffen.

Doch dieses Jahr ist alles anders, ich fremdele mit meiner Religion. Mit Religion allgemein, die zunehmende Orthodoxie allerorten macht mir zu schaffen. Wenn Menschen wegen ihrer Religion ihre Heimat verlieren, stimmt etwas nicht. Außerdem sträube ich mich gegen reaktionäre Strömungen, die Frauen klein halten oder Kriege und Massaker brauchen, um gehört zu werden – und damit meine ich, weiß Gott, nicht nur Muslime, unsere orthodoxen Siedler sind auch nicht gerade zimperlich.

Also versende ich dieses Jahr zu Rosch ha Shana Mails und SMS mit herzlichen Wünschen und heiteren Bildchen, bleibe aber der Synagoge fern, und das Eintauchen des Apfels in Honig erledigen wir familienintern an unserem Küchentisch.

»Jom Kippur«, so der Rabbi, »ist der Tag, an dem wir über unser persönliches Leben und unser Leben in der Gemeinschaft Rechenschaft ablegen. Wir prüfen unsere Taten, wo wir geirrt haben und wo wir etwas korrigieren müssen.« Was soll man zu so einer Aufgabenstellung sagen? Damit fange ich erst gar nicht an, sonst bin ich ein ganzes Jahr beschäftigt. Wer zahlt in der Zwischenzeit die Miete? Ich lebe ja nicht in Israel, wo der Staat für die Betenden aufkommt, während jene sich von Gebet zu Gebet hangeln, ohne diesen Zustand ernsthaft infrage zu stellen.

Also beschließe ich in diesem Jahr, an Jom Kippur weder zu fasten noch zu beten, den ganzen Versöhnungskram den Weisen zu überlassen, und gehe gegen Mittag ins Kino. Ob Gott mit meiner Wahl einverstanden ist?

Der Film heißt »Son of Saul«, kommt aus Ungarn und hat in Cannes den Grand Prix du Jury gewonnen, na, so schlecht kann er nicht sein.

Und nein, der Film ist nicht schlecht, der Film ist sogar brillant. Aber er zeigt hundertsieben Minuten lang das Sonderkommando in Auschwitz. Und zwar so, wie ich es noch nie gesehen habe, und ich habe schon eine Menge gesehen. Hundertsieben Minuten lang eine Tonspur, die nichts auslässt, und ich höre viel mehr, als ich sehe. Menschenmassen, die in einen Keller getrieben werden, ich höre beruhigende Stimmen, die sagen: »Schön, dass Sie da sind, nach dem Duschen melden Sie sich bitte bei uns, wir können hier Schreiner und Techniker, Krankenschwestern und Lehrerinnen gut gebrauchen.« Und dann sehe ich Saul, sehe, wie er hört. Die Duschen, die Schreie und dann die Stille. Das sehe ich immer wieder. Dazwischen wird der Boden geschrubbt, das verräterische Blut beseitigt, alle halten immer den Blick gesenkt und haben entsetzliche Angst. Leichen schleppt Saul, und einheizen muss er, und noch andere grässliche Tätigkeiten erledigen. Ich sehe vor allem Sauls Gesicht in dieser Hölle, aus der weder er noch ich entkommen. Und dann will Saul ein totes Kind würdevoll beerdigen, aber das ist eine eigene Geschichte, und es würde mindestens hundertsieben Minuten brauchen, um sie zu erzählen.

Es ist ein Debütfilm. Ich weiß nicht, was diesen jungen Menschen befähigt hat, einen derart radikalen Film zu machen. Warum er es getan hat, kann ich nur vermuten. Ich habe zum ersten Mal eine konkrete Ahnung, wie es wohl zugegangen sein muss, dort unten, zwischen Rampe, Duschen und Öfen.

Am frühen Nachmittag komme ich raus ans Licht. Die Synagoge Joachimsthaler Straße ist nicht weit. Heimat? Poröse Wirklichkeit, denke ich. Denke an den Eltern-Lehrer-Chor des humanistischen Gymnasiums, der zwei hebräische Gesänge einstudiert hatte zu den Hohen Feiertagen. »Den gefallenen Gymnasiasten, den Toten zum Gedenken, den Lebenden zur Mahnung« stand auf einer Eichenholzvertäfelung direkt über den Köpfen der begeisterten Sänger. Sie meinten es gut, glaube ich.

Verlage wünschten ihren jüdischen Autoren ein glückliches und gewinnbringendes neues Jahr. Sie meinten es auch sehr, sehr gut.

Es ist gerade eine Gebetspause in der großen Synagoge, müde Beter haben ihre Köpfe auf die Tische gelegt, den Gebetsschal als Decke. Der Rabbi schläft, die Füße auf dem Nachbarsstuhl, den Mund weit offen. Eine schwebende Ruhe, ein paar Frauen in Weiß flüstern sich leise Kochrezepte zu. Noch vier Stunden, dann ist Fastenbrechen, die Sünden getilgt, neue können begangen werden.

Auch wenn ich denke, dass ich anders bin, so sehe ich genauso aus wie alle anderen Frauen hier, mit wilden Locken und dunklen Augenringen. Ich falle nicht weiter auf in meiner Ecke, bin unendlich müde, mein Kopf kippt zur Seite, und ich schlafe ein.

Vielleicht sollte ich im nächsten Jahr nicht nur die Hohen Feiertage und den 3. Oktober, sondern gleich den ganzen Herbst verschlafen.

Winter

Meine Liebe,

Du schreibst, dass Dir die Jahreszeiten fehlen. Tja, was gehst Du auch in die Wüste?

Hier haben wir davon reichlich. Bis gestern war es »für die Jahreszeit zu mild«, jetzt ist es eisig und »für die Jahreszeit zu kalt«, sagt der Wetterbericht. Ich sage, mir ist kalt, und bleibe zu Hause.

Gestern waren wir alle auf dem Friedhof zur Jahrzeit von Aaron. Das Toupet von Grün ist weggeflogen, er hat stoisch den Kaddisch zu Ende gesungen. Dafür liebe ich unsere Religion!

Ich habe Dir ungefragt ein Paket geschickt. Vielleicht ist der Inhalt geschmolzen, bis die Sicherheitskontrolle es freigibt. Aber selbst flüssig ist es ein Genuss! Ich weiß, ich schüre Dein Heimweh, natürlich aus purem Eigennutz! Es gibt nichts Besseres als »Lebkuchen Schmidts Großes Festtagspaket«. Bei uns ist es aufgefressen, noch bevor der Nikolaus durch die Tür ist.

Sag mal, was meinst Du: Ab wann brauchen die Kinder keinen Chanukkakalender mehr? Abitur? Hochzeit? Pensionierung?

Im Fernsehen verpasst Du nichts. Die Zeit der Rückblicke hält Einzug. Sie zählen ihre Sportmedaillen und gleich darauf die blutigen Attentate und lecken sich die Wunden.

Auch mir bleibt immer weniger Zeit. Sowohl bis zum Jahresende als auch generell. Dabei habe ich so vieles noch nicht gemacht. Findest Du, ich bin schwermütig?

»Was denn zum Beispiel?«, hat Georg mich gestern gefragt mit einem sehr kurzen Blick von den Noten hoch.

»Fistfucking und Australien zum Beispiel!«, habe ich geantwortet. »Beides fehlt mir noch.«

Tantchen ist angereist. Sie hat Linsen aus Italien mitgebracht, denn nur, wenn man zu Chanukka Linsen isst, sagt sie, vermehrt sich im folgenden Jahr das Geld. Aus welchem Stetl genau dieser Brauch stammt, ist ihr entfallen. Die Tüte riss noch im Flur, wir lagen alle stundenlang auf dem Bauch, um die Linsen einzusammeln, denn es dürfen nur diese italienischen Linsen sein, mit deutschen Linsen funktioniert die ganze Sache nicht.

Warum die italienische Regierung mit ihrem Schuldenberg ihr Problem nicht mit Linsen löst, erklär mir bitte mal einer.

Vielleicht hast Du es richtig gemacht, wegzugehen.

Wie feiert man bei Euch? Lässt man alles ausfallen und liest ein gutes Buch?

Hänsel und Gretel

Seit einigen Tagen lebt meine Tante in einem Heim. Endlich. Die letzten Wochen waren abenteuerlich, mal lief sie bei Schnee und Eis verwirrt durch die Straßen auf der Suche nach ihrem Haus, mal suchte sie den Hund, der angeblich weggelaufen war, den sie aber versehentlich im Keller eingesperrt hatte. Wiederholt kam es zu Polizeieinsätzen. Tag und Nacht war ich alarmiert, was wohl als Nächstes passieren würde.

Sie ist sechsundneunzig, und damit hat sie das Recht des Alters, einigermaßen sonderlich zu werden. Die meiste Zeit aber ist sie mit Dieben beschäftigt. Sie glaubt, dass diese bei ihr ein und aus gehen. Zuletzt haben sie die kleinen Teller mitgenommen. »Bitte, Tantchen, wer sollte schon deine Teller nehmen statt echter Kostbarkeiten?«, habe ich sie gefragt. Sie lächelte maliziös und erwiderte: »Wer? Na derjenige, der kleine Teller braucht!«

Tja, was soll man dazu sagen. Meine Therapeutin meint, sie litte an einem Wahn, und das Entscheidende am Wahn sei, er ließe sich nicht durch die Wirklichkeit widerlegen. Tante sieht das anders. Sie sei normal und sehe klar, alle anderen seien das Problem.

Am Anfang habe ich ihr noch geglaubt, es wird tatsächlich viel eingebrochen. Inzwischen bin ich unsicher. Der letzte mir bekannte Mann, der durch verriegelte Türen ging, war der Schauspieler Lars Eidinger als Mörder im Kieler *Tatort*. Er wurde geschnappt.

Letzten Montag habe ich sie im Heim besucht, sie wirkte sehr aufgeräumt und zeigte mir, wer sie beklaut: Die Nachtschwester stiehlt ihre Seife, und der Arzt hat es auf den Hund abgesehen. Das Pflegepersonal hat eine andere Version der Geschichte. Ich als ihre einzige Verwandte muss mir beide Seiten anhören. Inzwischen hat sich zu den Diebstählen ein neues Thema gesellt: Tante behauptet, ihr Name sei zwar Helena, aber eigentlich heiße sie Gretchen.

»So, so, Gretchen«, sage ich. »Und wo ist Hänsel, gibt's den auch?«

»Ja, meine Liebe«, erwidert sie beleidigt, »er ist aber schon tot.«

Man soll bei Wahnvorstellungen dem Gegenüber recht geben, hat mir die Therapeutin geraten. Mir fällt das nicht ganz leicht.

»Die Nazis hatten es auf uns abgesehen«, fährt Tante fort, »daraufhin versteckte uns unsere Stiefmutter im Wald. Die Nazis kamen, durchsuchten unser Haus und fanden nichts. Hans hatte einen Kompass, und so kamen wir glücklich wieder nach Hause.«

Ich frage mich ehrlich, warum alle Juden immer diese Nazigeschichten auspacken müssen, egal ob wahr oder erlogen. Je älter sie werden, desto hanebüchener die Storys. Jetzt ist Tantchen also auch noch Gretchen …

»Wir kamen wieder nach Hause, aber schon bald wurden die Repressalien immer schlimmer, das Leben für uns immer unsicherer. Unsere Stiefmutter, Katholikin, brachte uns erneut in den Wald, gab uns alles mit, was wir an Essen tragen konnten, und verschwand. Hans hielt sie für verlogen, sie wolle uns loswerden, meinte er. Ich glaube, sie handelte klug. Was meinst du?«

Ich verschlucke mich an dem trockenen Marmorkuchen, um sechzehn Uhr ist Kaffee- und Kuchenzeit im Heim. »Diese Geschichte höre ich zum ersten Mal«, sage ich, als ich wieder atmen kann. »Wieso hast du sie mir früher nie erzählt?«

»Habe ich«, sagt Tantchen, »du hörst ja nie zu.«

»Und dein Vater? Was war mit dem?«, frage ich nicht ganz harmlos.

»Natürlich, meine Liebe, du brauchst gar nicht so hinterhältig zu fragen, aber wie alle Männer war er ein Feigling – und als Jude, was hätte er tun sollen?«

Wenn Tantchen Gretel ist, bin ich Sigmund Freud, denke ich, sage aber: »Gute Nacht, bis morgen!«, und mache mich aus dem Staub.

Arme alte Dame, ein Leben lang hat sie nicht verkraftet, was man ihr angetan hat. Damals hat man sie bestohlen, hat ihr alles genommen, jetzt wieder. Die Diebe sind nur eine Verlängerung des alten Unrechts, das sie anscheinend immer wieder durchleben muss.

Was die Hänsel-und-Gretel-Nummer soll, ist mir weiterhin ein Rätsel. Morgen werde ich den behandelnden Arzt fragen.

»Im Wald waren wir ziemlich verzweifelt«, macht die Tante am nächsten Morgen nahtlos weiter, bevor ich mich überhaupt gesetzt habe, sie wirkt blass und müde. »Hänsel war ein virtuoser Denker und ein genialer Pianist, aber als Pfadfinder eine Niete. Den Kompass hatte er zu Hause vergessen. Was soll ich dir sagen, sie hatten unserer Stiefmutter eine Greiferin an die Fersen gesetzt, die denunzierte uns, in der Nähe war eine Laube, sie sperrte Hans in den Hühnerstall, mich in die Küche. Sie war schrecklich nervös, als sie in den Telefonhörer stammelte, sie heiße Rosa und sei fündig geworden. Wann denn der nächste Transport ginge, die Öfen seien doch sicher schon vorgeheizt.«

Mir verschlägt es den Atem. Die Tante wackelt vor Erregung mit ihrem greisen Köpfchen. »Sag mal, Tante, was machen denn die Diebe so?«, frage ich, um sie auf ein anderes Thema zu bringen. Sie hält die Augen geschlossen, vor Erschöpfung vermute ich, schleiche mich vorsichtig aus dem Zimmer und suche den Arzt.

Dr. Schlesinger ist ein sympathischer junger Mann. Meine Tante gehe zwar der gesamten Abteilung mit ihren Unterstellungen auf die Nerven, aber er finde die alte Lady unterhaltsam. Über die Gretel-Geschichte kann er wenig sagen, warum sollte sie nicht stimmen?

»Warum?«, blöke ich. »Meine Tante heißt Helena, wie *Die schöne Helena* von Offenbach. Sie hat mit *Hänsel und Gretel* nichts zu tun, sie braucht Medikamente, sonst nichts!«

Dr. Schlesinger hält mir als Antwort eine Packung mit Rescue-Pastillen hin und lächelt souverän.

»Wenn meine Tante mit einem Apfel in der Kehle erstickt und Sie immer noch behaupten, das sei normal, sie sei nun mal Schneewittchen, werde ich Sie verklagen!«, zische ich und renne wütend raus.

Am nächsten Nachmittag sitzen Tante und Hund warm eingemummelt im Garten, man habe sie an die frische Luft gebracht, nachdem der Arzt sie von oben bis unten untersucht habe. Sie sei kerngesund und die Wahrscheinlichkeit, dass sie hundertzwanzig werde, groß. Ich bin mir nicht sicher, ob ich das noch erleben werde.

»Weißt du, sie behandelte uns nicht schlecht, diese Rosa, gab uns reichlich zu essen, zu trinken, vor allem Hans mästete sie. Dort würden auch Arbeitskräfte gebraucht, sie bekäme für kräftige Männer einen Zuschlag. Nach zwei oder drei Tagen machte sie sich fein, SS-Sommerfest. Die Stube roch nach billigem Parfüm, nicht jede Rose duftet fein.«

Egal, wo man Tantchen auch einsperrt – sie bleibt doch immer und überall eine Bourgeoise, denke ich.

»Als Rosa fort war, zwängte ich mich durch das kleine Gitterfenster und holte Hänschen aus dem Käfig, wir rannten, was das Zeug hielt. Wir waren ja beide bei Makkabi-Tennis gewesen, wir hatten einen eigenen Tennisplatz ...«

»Das weiß ich doch, Tante, das mit dem Tennisplatz.«

»Na, wenn du alles weißt, muss ich ja nichts mehr erzählen!«

»Entschuldige. Hat Rosa euch nicht gesucht?«

»Wahrscheinlich. Am Anfang hörten wir noch Rufe und Hunde, ich vermute, sie war zu betrunken von ihrem

Sommerfest, und eine Blöße wollte sie sich wohl auch nicht geben: Herr Obersturmbannführer, die zwei Kinder sind mir einfach entwischt …

Nach ein paar Tagen trafen wir im Wald auf wilde Partisanen. Sie nahmen uns mit, über die Grenze. Ich war jung und hübsch, relativierte Hänschens Besserwisserei. Sie setzten uns in den Zug nach England, Kindertransport. Na, den Rest des Desasters kennst du ja. Nach dem Krieg kamen wir zurück, unser Vater war ein gebrochener Mann, die Stiefmutter hatte sich das Leben genommen.«

Tennisplatz und Kindertransport sind die einzigen mir bekannten Teile dieser Geschichte, den Rest hat die Tante erfunden, warum auch immer, aber nicht schlecht, Tante Helena!

»Wann ist denn Hänschen gestorben?«, frage ich scheinheilig.

»Am 12.10.1956 an Herzversagen, Kummer, Schock, nenn es, wie du willst. Wir hatten gerade Rosa im Fernsehen gesehen, heiteres Beruferaten mit Robert Lembke, da kam sie als Veterinärmedizinerin, ja, welches Schweinderl hätten Sie denn gern?

Sie war mir aufgefallen, weil sie wiederholt jüdische Witze zum Besten gab, selbst am lautesten darüber lachte. ›Die Juden haben den besten Humor, den brauchten sie im Lager auch.‹ Hänschen und mir war das Lachen vergangen. Wir riefen im Simon-Wiesenthal-Zentrum an. Man nahm sie noch am selben Abend im Studio fest, sie hatte über dreihundert Juden denunziert, davon waren siebenunddreißig aktenkundig, für die sie sich vor Gericht verantworten musste. Jahrelang prozessierte sie gegen ihre Verhaftung, sie sei unschuldig, ein Opfer des Faschismus … Tja, in den Ofen kam sie doch, knusper, knusper Knäuschen …« Tantchen grinst und summt schelmisch vor sich hin.

Es dämmert, als ich sie in den Speisesaal begleite. Ihrem Appetit hat die Geschichte keinen Abbruch getan. Sie spachtelt sich die Bratkartoffeln munter in das zahnlose Mündchen.

Ich laufe rasch in ihr Zimmer, um ihre Tabletten zu holen. Obenauf in der Schublade liegt ihre Geburtsurkunde: Helena Gretchen Fuhrmann geb. Lausch. Mich trifft der Schlag.

Ich renne zurück. »Tante, du heißt ja wirklich Gretchen!«

»Du Dummerchen«, sagt sie, »glaubst du immer noch an Märchen?«

Bücherregal

»Ich gebe keines her!«, schrie mein Mann von der Leiter herab, als ich mich seinem Bücherregal näherte. »Das ist, als würdest du ein Stück Fleisch aus mir herausschneiden! Shylock, schon mal gehört? Nur über meine Leiche, ich weiß, auch dazu wärest du in der Lage ... Einen Schritt weiter, und ich springe in den Tod!«

Ich bin beruhigt, dass mein Mann, sonst als Westfale nicht gerade ein Ausbund an Extrovertiertheit, überhaupt so viel Dramatik an den Tag legen kann.

»Ich will sie ja nicht wegwerfen, aber ein paar von ihnen könnten ins Antiquariat und anderen Menschen Gesellschaft leisten. Was meinst du?«

»Nein, das ist mein Leben!«

Ich versuchte, ihn zu beschwichtigen, während ich vorsichtig näher kam. Wir waren im Begriff, umzuziehen, ich hatte für ihn neunzig Bücherkisten bestellt (meine passten in zwanzig), wir würden nie und nimmer mit dem Raum und den Regalen auskommen, die uns in der neuen Wohnung erwarteten.

Als ich Georg vor vielen Jahren kennenlernte, war das Erste, was mir an ihm auffiel, sein Bücherregal – ich fragte fassungslos: »Hast du die alle gelesen?« – »Ja«, murmelte er, und ich war unsterblich verliebt.

Das ist schön und sentimental, folgerichtig ließ mich Rudolf Thome genau das in einem seiner Autorenfilme spielen. Immer an dieser Stelle lachten sie im Zuschauerraum. Keine Ahnung, warum. Sie hatten sicher ihre Gründe.

Und noch später, also eigentlich jetzt, war genau das, was ich liebte, Streitgegenstand. Ich habe in einem Ratgeber gelesen, das sei normal: Genau das, was einen zu Beginn anziehe, würde einen nach ein paar Jahren abstoßen.

Es konnten nicht alle Bücher mit. Also entweder ohne Bücher oder ohne Georg war meine Devise.

»Sie sind doch meine Biografie!«, jammerte er schon merklich resignierter. »Ohne sie gibt es mich nicht.«

»So viel Biografie kannst du gar nicht haben«, erwiderte ich salopp und beschloss, mir erst einmal einen Espresso zu machen. Der wiederum gehört zu meiner Biografie.

Ich glaube, er hat recht, dachte ich in der Küche, während die winzige Lavazza die schwarze Droge braute, es gibt ihn wirklich, den Bücherlebenslauf. Bücher prägen oder beeinflussen einen, im schlimmsten oder besten Fall können sie einen grundlegend verändern.

Lässt man die Kinderbücher außen vor, so war ich spätestens mit vierzehn der Literatur verfallen, als ich im Bücherregal meiner Tante in Italien, versteckt in der zweiten Reihe, den Skandalroman *Cocaina* von Pitigrilli fand. Es war eine italienische Erstausgabe aus dem Jahr 1921, die Blätter waren schon recht lose, das Buch schien bereits viele vor mir beschäftigt zu haben. Es war für mich das erste Buch von Bedeutung und völlig anders als alles, was ich bisher gelesen hatte. Wow!, dachte ich, so kann man schreiben, so kann man leben?!

Nach den anderen Pitigrillis las ich mich durch etliche Italiener, meiner Tante war es recht, Hauptsache ich las auf Italienisch.

Nach den Italienern kamen die Franzosen. Flaubert, Balzac und allen voran Boris Vian, ich glaube, er war es auch, der den Bogen zum Theater schlug. Und zum Film. Truffaut, Godard, Melville – so viel *nouvelle vague* wie nur möglich. Sturm und Drang auf Französisch.

Plötzlich waren die jüdischen Bücher dran, die ich bis dato vermieden hatte. Ich verschlang alles, was mir in irgendeiner Form erklärte, was es heißt, ein jüdischer Europäer zu sein, ja, zur *second generation* zu gehören.

Als ich ins Wohnzimmer zurückkam, durch die Fensterscheibe sah ich die ersten Schneeflocken des Jahres, hatte sich mein Mann ans Regal gekettet wie damals an den Bauzaun in Brokdorf. Er weinte.

Ich sagte: »Erzähl mal die deine Bücherbiografie!«, und er schluchzte: »Von Anfang an?«

Ich sagte: »Nein, bloß nicht, erzähl mir nur von den besonders wichtigen!«

»Früher waren es die Entdecker- und Seefahrergeschichten, Captain Hornblower, Graf Luckner oder

Fliegerabenteuer«, wimmerte er, »dann saß ich vor dem Regal meines älteren Bruders und habe eine Liste gemacht: Brecht, Koestler, Marcuse, na unheimlich viel linkes Zeug.« Georg lächelte zaghaft. »Frag nicht, was wir im katholischen Jugendzirkel gelesen haben, *Das kommunistische Manifest, Das Kapital, Die Deutsche Ideologie* bis hin zu Lenin. Ich las Adorno, verstand wenig bis gar nichts, unterstrich aber, was das Zeug hielt. Erst später kam die Literatur dazu, Kafka, Werfel, Musil, Döblin rauf und runter, auch Theodor Storm oder Gottfried Keller, und natürlich die neueren: Wolfgang Koeppen, Arno Schmidt, Ingeborg Bachmann.«

Georg hatte sich losgemacht, er brauchte seine Hände, um mir von seiner südamerikanischen Phase – Cortázar, Onetti, Vargas Llosa, Carpentier, Lezama Lima, er spulte die Namen herunter wie aus dem Brockhaus – und dann von der nordamerikanischen zu erzählen. »Stell dir Greven, Westfalen, 1970 vor. Dann meine Bücher. Hast du es vor Augen?« Ich nickte brav.

»Es ist wie ein großes fiktives Leben in dem kleinen realen. Es gelten andere Maßstäbe: Schönheit, Erfindung, Stil, Schwerelosigkeit, Ersatz für ungelebtes Leben.«

Ich sagte nichts, aber mich befiel der Eindruck, dass mein Mann dort sehr viel besser zurechtkam als in dem, was man hier so Wirklichkeit nennt.

Im Morgengrauen, auf den Autodächern lagen schon zehn Zentimeter Neuschnee, nachdem wir Irland (»kennst du Flann O'Brien?«), Russland (»oh Bulgakow!«) und die Franzosen durchgegangen waren, fanden wir zu folgendem Kompromiss: Ein Viertel der Bücher käme ins Antiquariat, er könne seine alten Kumpels dort ja immer besuchen.

Mit der Losung: »Aber geschenkt! Freunde kann man nicht verkaufen!«, zog Georg am Vormittag mit etlichen Kisten zum Antiquariat um die Ecke. Nach einer halben Stunde kehrte er mit einer schweren Kiste zurück. »Schau hier: *La Divina Commedia* in einer kommentierten Ausgabe. Und ich durfte mir ein paar Krimis aussuchen ...«

Es ist leichter, einen Westfalen zum Sprechen zu bringen, als ihn seiner Bücher zu berauben. In der neuen Wohnung habe ich großmütig auf meinen Schuhschrank verzichtet, damit »die Russen« alle Platz finden. Anna Karenina wird es mir hoffentlich danken.

Berlin, meine große hässliche Geliebte

Das Schönste an Berlin ist, dass es eigentlich eine hässliche Stadt ist.

Als ich vor zirka dreißig Jahren nach Berlin kam, sah die Stadt so aus, als wäre der Krieg gerade mal eine Viertelstunde vorbei. Die Häuserfassaden überboten sich in einer unendlichen Palette von Grautönen, Einschusslöcher ersetzten Stuck, es gab kein Geld für Restaurierungen – und um dieses triste Ensemble perfekt zu machen, umschloss das Ganze ein Ring aus Beton: die Mauer. Die fatale Geschichte Deutschlands lugte aus allen Winkeln dieser Stadt hervor wie durch die Löcher einer zerrissenen Hose. Erinnerung allerorten, ohne Mahnmale, einfach so. Man konnte Berlin und seinen spröden Bewohnern einiges vorwerfen, nicht aber, sie würden ihre Vergangenheit vergessen.

Mitten in diesem Westberlin hatte die jüdische Nachkriegsgemeinde Fuß gefasst, erstaunlich, aber wahr. Neben den drei Synagogen in der Pestalozzistraße, der Joachimsthaler Straße und am Fraenkelufer war der Mittelpunkt das Gemeindehaus in der Fasanenstraße. In den hallenartigen, kühlen Räumen des 6oer-Jahre-Baus fanden Chanukka und Purim-Bälle statt, sofern man sich dabei keinen Hörsturz holte, konnte man immer noch auf dem frisch gebohnerten Parkett ausrutschen. Die Pförtner verstanden einen kaum, sprachen Jiddisch oder Polnisch, und alle waren zerstritten. Ja, ein Hauch von zarter Normalität begann sich zu etablieren.

Für mich, die ich aus »Westdeutschland« kam, wo der jüdische Anteil der Bevölkerung Richtung null tendierte, bot Berlin ungeahnte Perspektiven. Es gab eine »Vereinigung Jüdischer Studenten«, an verregneten Samstagnachmittagen traf man sich im Hinterhaus der Synagoge Pestalozzistraße, um sich auszutauschen. Manche waren schon in Deutschland geboren, einige stammten aus Hildesheim, Braunschweig oder Gießen, Provinzstädte allesamt langweiliger als Berlin.

Dennoch: Hätte es eines Tages nicht eine große jüdisch-russische Einwanderungswelle gegeben, die Gemeinde hätte sich allmählich aus Altersschwäche und Mangel an Nachwuchs erledigt. Nun aber kam Bewegung in die Chose. Die Pförtner verstanden einen ebenfalls nur mit Mühe, sprachen aber ausschließlich Russisch. Auf den Bällen nahmen schwerer Goldschmuck, dicke Uhren, Samt und Brokat deutlich zu. Dann fiel eines schönen Tages die Mauer, und die Begriffe Ost und West bekamen eine neue Dimension.

Es waren schon sehr viele Deutsche, die plötzlich dazukamen. Aber selbst die hatten etwas Erfrischendes, denn so unterhaltsam das Biotop Westberlin auch gewesen war, es war Zeit, erwachsen zu werden.

Berlin erfand sich neu, in einem irren Tempo: »Affenzahn« heißt det hier. Ganze Stadtteile wurden renoviert, es kam Farbe ins Spiel, und auch in die Bevölkerung – und bald sah es in Berlin aus, als hätte es nie einen Krieg gegeben. Also wurde ein Mahnmal errichtet, eine gewaltige Fressmeile drum herum, alles der Erinnerung wegen, damit die Leute gefälligst nicht vergessen. Ich bin mir bis heute nicht sicher, ob das so funktioniert.

Auch die Jüdische Gemeinde musste sich neu erfinden. Rasch wurde die Ostgemeinde von der Westgemeinde vereinnahmt. Böse Zungen sprachen von Kolonisierung. Im Grunde nichts anderes als im restlichen Staat. Dafür wurde aus dem ehemaligen Knaben-Gymnasium die Jüdische Oberschule, die seit Kurzem den Namen *Moses Mendelssohn* trägt.

Hier können jüdische Kinder sogar bis zum Abitur gebracht werden, doch auch nicht jüdische Kinder besuchen die Lehranstalt und lernen Hebräisch. Warum genau sie das müssen, weiß ich nicht, vermutlich der Völkerverständigung wegen – oder weil man es am Tag des Jüngsten Gerichts eventuell noch einmal gut gebrauchen kann. Die Türen des Gymnasiums sind aus schusssicherem Panzerglas, zwei gemütliche deutsche Polizisten bewachen das Gebäude, die wiederum von vier entschlossenen Israelis des Geheimdienstes bewacht werden. Vielen stößt das auf. Ich habe mich daran gewöhnt. Meine Kinder wollten früher Sicherheitsbeamte werden oder Polizisten. Am besten beides.

Inzwischen kommen immer mehr Juden nach Berlin. Sie studieren, arbeiten hier oder wollen die Stadt ihrer Großväter und Urgroßväter kennenlernen. Sie kommen aus Israel, aus Nord- und Südamerika, sie fühlen sich wohl, und ihre Gegenwart verändert das jüdische Berlin. Sie müssen nicht mahnen, denn sie sind keine Opfer und sie begegnen keinen Tätern. Und so verändern sie en passant eine traurige, verkrustete Beziehung zwischen Juden und Deutschen.

Sie eröffnen Clubs, mischen in ihren Musiktexten Deutsch und Hebräisch, arabische Rhythmen und Hip-Hop. Sie haben viel weniger Traumata, und das ist gut so. Wer hätte der ehemaligen Reichshauptstadt eine solche Karriere vorhergesagt?

Auch im Leben der Jüdischen Gemeinde spürt man »die Neuen«. Sie sind nicht schockiert, wenn Rabbinerinnen den Gottesdienst leiten, sie wollen als Juden akzeptiert werden, auch wenn ihre Mütter keine Jüdinnen sind, sie stellen die Halacha auf den Kopf, und der Ältestenrat staunt.

Allerdings habe ich neulich gehört, dass etliche Israelis versuchen, aufgrund ihrer jüdischen Vorfahren einen deutschen Pass zu bekommen. Sie wollen auswandern, der Staat Israel ist ihnen zu unsicher geworden. Geschichte ist doch eine sehr wandelbare Masse, denke ich, und was wohl ihre Großeltern sagen würden, die man damals nicht gerade zimperlich ins »Gelobte Land« verwiesen hat.

Meine schöne hässliche Stadt verändert sich wieder und wieder. Schafft Raum für Neues.

Bald ist wieder Chanukka, die Lubawitscher mit ihrem speziellen Verhältnis zum Humor werden das Wilmersdorfer Eisstadion mieten, einen Chanukkaleuchter aus Eis meißeln, der Rabbiner wird es sich nicht nehmen lassen, in vollem Ornat über die gefrorene Fläche zu schlittern, während durch die kleinen Lautsprecher völlig verzerrt Gebete im Stadion ertönen. Niemand wird irgendetwas verstehen, niemand wird sich allzu ernst nehmen, denn es macht Spaß, das Ölgebäck ist lecker, und man trifft sich gern – auch auf dünnem Eis.

Im Jüdischen Museum läuft derweil eine Ausstellung zum Thema Beschneidung. Anscheinend ist zu diesem Thema noch nicht alles gesagt worden. Die unterschiedlichen Religionsausrichtungen innerhalb der Gemeinde werden weiter streiten. Ergebnis offen. Es gibt einiges zu klären, und etwas Auffrischung der 5777-jährigen Religionsgeschichte tut not.

Bei Auswärtsspielen von TUS Makkabi allerdings, dem jüdischen Sportverein, kommt es neuerdings wieder zu antisemitischen Vorfällen, man bittet uns, achtsam zu sein.

Immer mehr Touristen zieht es nach Berlin. Ob sie für ihr Geld das bekommen, was sie erwarteten, sei dahingestellt. Natürlich gab es Zeiten, in denen Berlin und ich uns nicht sehr mochten. Als ich zum Beispiel in jedem Gebäude alte Nazis vermutete, und später, als mich das aufgeregte

Gehabe der neuen Hauptstadt verdächtig an die Reichshauptstadt erinnerte. Und jetzt, wo mir diese nicht enden
wollende Baustelle mächtig auf den Zeiger geht.

Aber alles in allem will ich nirgendwo anders wohnen.
Außer vielleicht in New York, Tel Aviv oder Paris – aber
das eher nach meinem Tod.

Parallelwelten

Im Prinzip schaue ich lieber Spielfilme als Dokumentarfilme. Fürchte mich vor zu viel Wirklichkeit, Alltag, dem ich gerade entkommen will, oder möchte nicht noch gegen Ende des Tages belehrt werden. Tierfilme ausgenommen. Inzwischen sind sie beim Tierfilm so weit, dass man den Flöhen beim Brüten zuschauen kann. Irre.

Neulich aber habe ich einen Dokumentarfilm gesehen, in dem der Protagonist die Briefe seiner Großmutter findet, die an einer Zahn-OP gestorben ist, nicht ohne sich vorher zu verabschieden mit der Bitte an ihren Sohn, wenn sie denn mal nicht mehr sei, nach Russland zu gehen und etwas über die Familie herauszufinden. Und weil es der Sohn sein Leben lang nicht tut: »Man muss nicht jedes Vermächtnis aufgreifen, jede Tagebuchaufzeichnung ernst nehmen, jeden Ort suchen«, fährt schließlich der Enkel: »Man muss nicht, aber man kann!«

Der Knabe fährt also in die Ukraine, sucht nach der verlorenen Welt, dem verlorenen Leben seiner Vorfahren, und er findet neben einer gewaltigen Portion Sozialismus auch die alte Wodka-Destillerie aus dem Familienbesitz. Er trinkt sehr viel Wodka, Wodka anderer Hersteller, denn die Fabrik seiner Familie ist verrottet. Armut, Arbeitslosigkeit und Hoffnungslosigkeit bestimmen jetzt die alte Heimat seiner Großmutter.

Ja, das hat man davon, wenn man die Briefe seiner Vorfahren zu gründlich liest und ihren Bitten nachkommt. Trotzdem fühlt sich der Enkel verantwortlich. Etliche Wodkas später … aber man erzählt ja nicht, wie Filme enden. Nicht einmal bei Dokumentarfilmen. Alles in allem war der Film derart unterhaltsam, dass ich ernsthaft überlege, in die Ukraine zu ziehen, um dort mächtig viel Wodka zu kippen. Das kann man auch hier, sagt mein Mann, Berlin sei praktisch schon ukrainisch, aber er hat ja keine Ahnung.

Dokumentarfilme sind wie Realität, nur ein kleines bisschen weiter weg. Sie sind informativ, manchmal verwirrend, mal berührend, gelegentlich sogar sehr witzig. Wenn sie wirklich gut sind, vermisse ich keinen Spielfilm, weil die Realität abenteuerlicher sein kann als jede Fiktion.

Okay, keine ganz frische Erkenntnis, gebe ich zu.

Aber jetzt komme ich zur Beweisführung:

Ich liege schläfrig auf meinem Sofa, es ist weit nach elf Uhr abends, und es kommt ein Film über eine Krebsstation im hohen Norden. Schweden? Norwegen? Weiß ich nicht mehr. Die Menschen auf dieser Station sind schwer krank, sie lassen sich filmen. Manche werden den Film nicht überleben, andere schon.

Ich bin als Arzttochter nicht allzu zimperlich, was Krankenhäuser und Krankheiten betrifft. Ich fühle mich dort eher ein bisschen zu Hause. Ich glaube von mir, offen zu sein, wenn ich Kranken begegne. Doch nun sehe ich, dass ich nichts weiß von dieser Parallelwelt. Gar nichts.

Inzwischen habe ich diesen Film schon dreimal gesehen, immer mitten in der Nacht, und würde ihn wieder und wieder schauen. Bekomme Antworten auf Fragen, die ich nicht gestellt habe. Erfahre, wie es sein kann, zu wissen, dass man sterben muss, und dennoch zu lächeln, und auf einmal ahne ich, wie sich meine kranke Freundin fühlt, die einmal im Monat in der onkologischen Abteilung am Tropf hängt.

Selbstverständlich habe ich sie gefragt, wie es ihr geht. Ob ich etwas für sie tun kann. Ob sie Schmerzen hat. Habe die Blumen angeschnitten und brav in der Vase verstaut. Wenn sie geweint hat, habe ich ihr Mut gemacht. Das gehört sich so. Alles in allem habe ich Zuversicht versprüht und den »Du schaffst das schon«-Modus aktiviert. Vor der Tür dann, draußen, geweint, weil es eben doch nicht so eindeutig ist, das Überleben.

Die Kranken und die Gesunden, zwei parallele Welten.

Für den guten Film aber gibt es keine zwei Welten, nur eine, mit allen lichten und allen düsteren Seiten. Die Stunden am Tropf. Die schlaflosen Nächte der Angst. Die Suche nach einer passenden Perücke. Oder doch lieber gar keine? Das Glück über jeden dem Tod entrissenen Moment. Die Freude über Kleinigkeiten, über Witze, über das Violinkonzert von Beethoven, darüber, noch am Leben zu sein, wenn die Sonne aufgeht.

Natürlich. Jeder fiktionale Film sollte all das auch können: mich in Welten führen, von denen ich nichts weiß. Gefühlsräume öffnen, die ich negiert oder vermieden habe. Kurzum: mir helfen, dem Tod ins Auge zu schauen. Tut ein guter Spielfilm manchmal auch.

Aber dieser Mitternachtsfilm über die Krebsstation im hohen Norden tut es in besonderem Maße.

Ich habe mir einen starken Wodka eingeflößt und tags darauf meine Freundin besucht.

Sie war sehr betrübt, also habe ich mich neben sie gesetzt und geschwiegen. Lange. Ungefähr eine Filmlänge.

Mascha Kaléko

»Sie sind doch Jüdin und haben auch so viel Witz! Könnten Sie nicht ein paar heitere Gedichte von Mascha Kaléko lesen für einen kleinen, aber spendenwilligen Kreis? Herzlich P. F., Rotaryclub Bad Kissingen.«

Ich konnte Mascha Kaléko nie leiden. Nicht, dass ich sie gelesen hätte. Nein, einfach so. Sie war, als ich in den frühen 8oer-Jahren nach Berlin kam, derartig »in«, dass es zum Fürchten war. Alle lasen sie, sie gehörte zu einem gewissen linksliberalen Kanon. In jedem Café wurden ihre Texte als Matinee zum Besten gegeben, es gab auch Lesungen am Nachmittag und mitten in der Nacht. Kaléko zu jeder Tageszeit – das war mir suspekt. Und sowieso: das Hofieren der toten Juden löst bei mir immer wieder einen bitteren Geschmack aus.

Ich wusste, sie war um die Jahrhundertwende in Galizien geboren, als kleines Mädchen nach Deutschland gekommen, bald nach Berlin. Na und? Viele Juden haben, bevor sie die Grundschule verlassen, bereits drei Länder passiert und ebenso viele Fremdsprachen gelernt. Ich will jetzt nicht angeberisch klingen, aber mit vier verließen wir Jugoslawien, mit sieben musste ich von Italien nach Deutschland, kein Grund, dafür gelobt zu werden, passierte nicht freiwillig und hat mit Sprachbegabung nichts zu tun. Man hat mehrere Heimaten verloren, bevor man Dreirad fahren kann. Ach, Heimat, ein überbewerteter Begriff!

Da ich kaum etwas von Frau Kalékos Vita weiß, fange ich lustlos bei Wikipedia an, stoße auf einen Zweizeiler:

Überm Frost lag sanft Lamettaschimmer,
Beckers unten übten »... Stille Nacht!«
(»So um Dezember«)

Verrückt, was für einen Eindruck das Weihnachtsfest auf Juden macht, wahrscheinlich vor allem, weil sie es nicht mitfeiern dürfen. Ich hätte geschworen, es geht nur mir so, da sieh mal einer an. Damals wie heute geben wir uns dieser Faszination hin, basteln zu Chanukka eine Art Adventskalender. Möchten alles haben wie die anderen und dann doch nicht so sein wie sie.

Wie sie wohl mit fünfzehn gewesen ist? Ich sah aus wie Angela Davis, fühlte mich aber leider nicht so cool. War von der Art mehr wie ein Junge, vom Aussehen her leider auch.

Nach langem Suchen finde ich in der zweiten Reihe im Regal meine Kaléko-Ausgabe aus den 8oern:

Na wie man da zu sein pflegt: innen schüchtern,
außen frech.
(»Erster Ferientag«)

So beschreibt sie es und spricht mir aus der Seele. Sie scheint doch ganz in Ordnung zu sein, diese Kaléko.

Sie muss die Schule mit sechzehn verlassen, der Vater findet: Mädchen brauchen nicht zu studieren. Wie ich orthodoxe Männer, die so denken, verabscheue, kann ich gar nicht in Worte fassen. Was sie damit anrichten, ist unbeschreiblich. Um sich später zu rechtfertigen, sie hätten es ja nur gut gemeint. Mascha macht eine Bürolehre im Arbeiterfürsorgeamt der Jüdischen Gemeinde. Was für ein Albtraum. Da lebt das Mädel in einer Stadt wie Berlin, die nur so strotzt vor jüdischen Künstlern, und muss im Büro der Jüdischen Gemeinde sitzen. Monotone Büroarbeit, während um sie herum eine Stadt kulturell und wirtschaftlich explodiert. Ich hätte den Vater gevierteilt.

Wenn ich mir vorstelle, ich im Büro mit Galinski oder diese anderen, die jetzt die Gemeindegeschäfte führen, na gute Nacht! »Zu Hause darf die jüdische Frau alles entscheiden, aber draußen ...«, so argumentieren unsere lieben Orthodoxen. Wir könnten ja mal tauschen! Unsere Religion braucht wirklich etwas Auffrischung nach 5777 Jahren Patriarchat.

Kein Wunder, dass sie mit neunzehn heiratet, einen zehn Jahre älteren Mann, und mit ihm von Spandau nach Charlottenburg in die Bleibtreustraße zieht.

Charlottenburg, Charlottenburg ... das erinnert mich ... natürlich, Else Ury, Zeitgenossin, assimilierte Jüdin, völlig anderes Kaliber, schrieb die Nesthäkchen-Romane, ein Muss für alle braven Bürgerstöchter. Habe ich mal gelesen, unglaublich biederes Zeug würde man heute dazu sagen, verkaufte sich aber enorm, bis in dieses Jahrhundert fast sieben Millionen Mal!

Na, das hätte ich doch gern erlebt, so ein Treffen zwischen der angepassten Erfolgsautorin der Wilhelminischen Zeit und dem flapsigen Fräulein Kaléko, »erklärtes Sprachrohr für die Nöte des kleines Mannes«. So jedenfalls der Klappentext.

Sie beginnt mich ernsthaft zu interessieren, die kleine Mascha.

Ich sitz in meinem Stammcafé.
Es ist schon spät. Ich gähne …
Ich habe Sehnsucht nach René
Und außerdem Migräne.
(»Angebrochener Abend«)

Ich lese diese Zeilen und kann sie sofort auswendig, spricht sie von mir? Woher kennt sie meinen René? Summe sie den ganzen Tag vor mich hin.

Wieso habe ich das nicht früher gelesen? Wenn es etwas gibt, das ich verehre, so ist es die Gabe, wichtige Dinge möglichst knapp zu äußern. Unsentimental, geistreich und schnell. Nicht zu viel germanische Innerlichkeit trotz einer Prise Melancholie.

Sonne klebt wie festgekittet.
Bäume tun, als ob sie blühn.
Und der blaue Himmel schüttet

Eine Handvoll Wolken hin.
(»Frühling über Berlin«)

War Berlin schon immer so? Wie heute früh, als ich raus-
geschaut habe?

Finde ein Foto: Sie hat meine Frisur, also gar keine.
Wilde Locken, ich beginne an Übertragung zu leiden …

Beneide sie um das Romanische Café, in dem sie ein-
und aus geht, alle trifft, Kästner, Ringelnatz, Kisch. Wo
sie ohne Luft zu holen plappert, berlinert. Tucholsky.
Ich würde den geistreichen Kurt so vieles fragen wollen.
Zu Lottchen zum Beispiel. Aber er hat sich im schwedi-
schen Exil das Leben genommen. »Hier ruht ein golde-
nes Herz und eine eiserne Schnauze« wollte Tucholsky
auf seinem Grabstein stehen haben, kann man berlineri-
scher sein?

Wie sie mir fehlen, diese Kollegen, was gäbe ich drum,
in ihrem Kreis zu sitzen, diesen verdammten Krieg unge-
schehen zu machen …

Aufhören, sage ich mir, so wird das nichts, ich blät-
tere weiter in der Vita der kleinen Dame, sie ist Anfang
zwanzig, als sich die Berliner Zeitungen um sie rei-
ßen. Ein altkluges, witziges Mädchen, wehmütig, frech.
Im Detail genau. Sie trifft einfach den Ton der Zeit. Der
Alltag ist ihr Steckenpferd. Danke, würde ich rufen,
wenn sie neben mir säße. Was ist spannender als das
Leben?

Wenn einer stirbt, dann weinen die Verwandten;
Der Chef schickt einen Ehrenkranz ins Haus,

Und voller Lob sind die, die ihn verkannten.
... Wenn einer tot ist, macht er sich nichts draus.
(»Ein kleiner Mann stirbt«)

Ich hab's gewusst, schon immer gewusst. Die 20er- und 30er-Jahre wären meine Zeit gewesen. Schon allein die Charleston-Kleider würden mir 1a stehen, viel besser als diese androgynen Jeans. Ich lebe zur falschen Zeit, was soll man machen? Diese Schnodderigkeit! Dieser Witz! Und sie ist dennoch sentimental!

Mal ehrlich, wo bitte findet man heutzutage solche Verse? Verse, die von kleinen Leuten handeln, ohne furztrocken zu sein, die Humor haben und gleichzeitig politisch sind.

Robert Gernhardt. Ja, den liebe ich. Und sonst so?

Jetzt fällt mir wieder Else Ury ein. Auch sie wird 1935 als Jüdin aus der Reichsschrifttumskammer verbannt. Dabei spielen ihre Bücher ausschließlich im christlichen Milieu. Ihre Heldin, die brave Arzttochter Annemarie Braun, macht doch alles richtig. Else Ury, die waschechte Berlinerin, die der heilen deutschen Familie ein Denkmal gesetzt hat – dass sie verboten wird, kann sie selbst gar nicht fassen. Sie wohnt sehr bürgerlich und vermeintlich sicher im Grunewald, als 1935 ihr Bruder Selbstmord begeht. Else Ury versteht die Welt nicht mehr, aber sie geht nicht weg aus ihrem geliebten Berlin.

Mascha Kaléko spielt ebenfalls nicht mit dem Gedanken zu gehen, obwohl ihre Bücher 1936 verboten werden und sie nur noch in jüdischen Blättern veröffentlichen darf.

Wäre ich gegangen?

Das habe ich mich schon so oft gefragt und mir nie eine Antwort darauf geben können.

Fort aus meiner Stadt, meiner Straße? Der Sprache, in der ich schreibe und spiele?

Ich, die ich noch nicht einmal in Deutschland geboren bin, ich hätte Berlin wahrscheinlich auch nicht verlassen. Ich hänge an Berlin. Affenliebe könnte man es auch nennen.

Chemjo Vinaver, Musikwissenschaftler, und Mascha begegnen sich in Berlin. Sie ist neunundzwanzig Jahre alt, als ihr Sohn Steven Evjatar geboren wird.

Eine große Liebe und eine Zerreißprobe, das Zusammenleben dieser zwei freiberuflichen Künstler. Nur so viel: Kenne ich. Egal, wie sehr wir uns anstrengen, ein bürgerliches Leben wird das nicht.

Am 22. Januar 1938 wird die Ehe von Saul und Mascha geschieden, sechs Tage später heiratet sie Chemjo.

Im September 1938 verlassen Mascha Kaléko und ihre neue kleine Familie Berlin, knapp vor der Reichspogromnacht. Das Affidavit haben sie von einem befreundeten Musikerkollegen bekommen. Die Kiste mit der Menora, der Sederschüssel, der Familienbibel, mit all den geliebten, von der Großmutter vererbten Gegenständen wird nie in New York ankommen.

Was jetzt passiert, kennt man aus vielen Geschichten der über zweihunderttausend deutschen Emigranten, die sich ab 1933 nach Amerika haben retten können. Der Verlust der Sprache, der geistigen Heimat. Nicht alle haben Glück wie Feuchtwanger, Mann oder Brecht. Die meisten müssen bei null anfangen in neuen, fremden Berufen, die finanzielle Situation ist mehr als dramatisch.

Aber sie haben überlebt.

Während Else Ury am 12. Januar 1943 mit ihrer neunzigjährigen Mutter nach Auschwitz deportiert wird.

Hier könnte ich aufhören zu schreiben. Denn es bricht mir immer und immer wieder das Herz.

Geschichten von Ermordung und Vernichtung. Wie auch die immer gleichen Geschichten der Emigranten. Sie drehen sich um Angst, Tod, Verlust der Karriere, der geliebten Menschen, der Heimat.

Sie leben. Mascha, Chemjo und ihr Sohn Steven. Mehr schlecht als recht, aber sie leben. Sie haben wenig neue Freunde. Sie streiten viel. Gesundheitliche Probleme kommen hinzu. Man kann es sich lebhaft vorstellen. »Nicht in die Hitlerhölle zu kommen, ist das nicht beinahe schon Himmel genug?«, schreibt Mascha lakonisch.

Es werden einundzwanzig Jahre im amerikanischen Exil. 1944 werden sie amerikanische Staatsbürger. Mascha ist, obwohl sie sich bemüht, regelmäßig zu schreiben, vor allem mit der Erziehung ihres hochbegabten Sohnes beschäftigt, und als »Karrierehelferin« für ihren Mann, der kaum ein Wort Englisch spricht.

Wie oft habe ich mir vorgestellt, meine Eltern wären nach dem Krieg nicht nach Gießen, sondern nach New York gegangen. Ich wäre nicht die einzige Jüdin weit und breit gewesen. Zu den Hohen Feiertagen hätte »Happy Chanukka« an der Litfaßsäule gestanden, in den Filmen wäre ich von Juden besetzt worden, vielleicht in anderen Rollen als nur denen der »Ausländerin«. Vielleicht. Mein Freund Martin hat mich getröstet, indem er sagte: »In New York gibt es genug Juden. Bleib mal schön hier ...« Vielleicht hatte er ja recht.

Wenngleich sich Mascha nur schwer von ihrem Mann und ihrem geliebten Sohn trennen kann, geht sie am 31.12.1955 an Bord Richtung Europa. Sie hat Heimweh, Heimweh nach Berlin.

Sie möchte für ein paar Wochen ihre alte Heimat wiedersehen, die Sprache hören, in der sie schreibt, und wieder als Autorin bekannt werden.

Alles, was man sich vorstellen kann, passiert: Rührung und Ekel, Schwermut und Glück.

Und immer und immer wieder die Sehnsucht nach der verlorenen Zeit.

Die Szenerie kommt mir bekannt vor. Aber es wird ein anderes Stück gespielt.
(»Die paar leuchtenden Jahre«, Vortrag in Kassel 1956)

Das schreibt sie, und ich denke es täglich. Trotzdem fährt sie nun in Abständen immer und immer wieder nach Deutschland.

Schließlich wird Mascha Kaléko 1959 für den mit viertausend DM dotierten Fontane-Preis nominiert. Als sie erfährt, dass das Jurymitglied, der Schriftsteller Hans Egon Holthusen, der ihr den Preis übergeben soll, in der SS war, lehnt sie den Preis ab. Dafür bekommt sie keinen Beifall, man nimmt es ihr übel: »Wenn es den Emigranten nicht gefällt, wie die Dinge hier laufen, dann sollen sie doch fortbleiben.«

Sie fliegt zurück in die USA.

Oh Deutschland! Manchmal denke ich wirklich, du hast nichts gelernt!

Dann wieder bin ich stolz auf dich, denke, in keinem anderen Land hat es eine derartige Aufarbeitung der Nazivergangenheit gegeben. Nirgends hat man so zu seiner Schuld gestanden. Schau ich mir Frankreich, Spanien, Österreich an: überall nur Helden.

Chemjo Vinaver ist die große Liebe in Mascha Kalékos Leben. Neben ihrem Sohn, natürlich, der, inzwischen erwachsen, Literatur und Drama studiert hat, also sowohl die musikalische Seite des Vaters als auch die poetische der Mutter geerbt hat. Steven arbeitet als Regisseur, zunächst in London, dann in Berlin, in der Stadt seiner Eltern. Sucht er in der alten Heimat nach seinen Wurzeln? Man kann es drehen und wenden, wie man will, die Identitätssuche bleibt generationsübergreifend. Oder warum studiert mein eigener Sohn Film, der andere spielt Trompete, und beide beschäftigen sich mit der Shoah und dem Balkankrieg?

Chemjo muss, um seine Anthologie über Synagogalmusik vollenden zu können, nach Israel, um dort zu recherchieren. Für Mascha ist es entsetzlich, wieder umzuziehen, sie geht trotzdem mit, tut es ihm zuliebe. Wieder ein neues Land, wieder eine neue Sprache.

Israel! Große Option für viele Juden: Land unserer Väter, Land, in dem Milch und Honig fließen. Aber auch das Land, wo in einer Sprache und Schrift gesprochen und geschrieben wird, die sehr fremd sein und bleiben kann. Ganz zu schweigen davon, dass es landschaftlich, kulturell so völlig anders ist.

Für Jeckes, deutsche Juden, wie mich, deren Arbeitsfeld die Sprache ist, letztendlich doch keine Option. Ich wünschte, es wäre anders.

Mascha Kaléko bleibt eine Fremde im Land der Väter. Ihre Isolation nimmt immer mehr zu.

Was soll man dazu sagen?

Die einen durften weitermachen. Den anderen hat man ihre Karriere, ihren Beruf, ihre Inspiration genommen. Etliche haben sogar nur eine Karriere aufbauen können, weil die jüdischen Konkurrenten fehlten. Diese Ungerechtigkeit verjährt für mich nie, egal, wie viele Denkmäler aus dem Boden sprießen.

Maschas Sohn stirbt überraschend 1968, dreißigjährig, in New York.

Davon wird sie sich zeitlebens nicht mehr erholen. Sie wird von nun an psychisch und physisch immer labiler:

Vor meinem eignen Tod ist mir nicht bang,
Nur vor dem Tode derer, die mir nah sind
Wie soll ich leben, wenn sie nicht mehr da sind?
(»Memento«)

Ich weiß es nicht. Ich weiß nicht, wie man so etwas verkraften kann und ob es überhaupt möglich ist. Ich brauche eine Pause, mit mehreren Espressi.

Als wenige Jahre später ihr Mann nach langer Krankheit
stirbt, hat sie das Leben über.
    Sie folgt ihm zwei Jahre später, auf der Durchreise in
Zürich.
    Sicherheitshalber hat sie ihr Epitaph selbst verfasst.
Ich halte das für eine kluge Idee. Ich habe sowohl meine
Totenrede als auch den Text für den Grabstein bereits in
Auftrag gegeben, meine Freundin Catarina wird sich dessen annehmen, sie ist klug und witzig, so viel Voraussicht
muss sein. Am Ende kommt noch jemand vom Verein für
christlich-jüdische Zusammenarbeit und stottert stundenlang Befindliches. Mascha, da hast du völlig recht!
    Was bleibt vom Leben? Vom Leben dieser zwei Frauen?
    1995 wurde Else Urys Koffer in Auschwitz gefunden,
versehen mit einem Kofferband, worauf ihr Name und
ihre Herkunft standen: Ury, Berlin.

Immer wieder werde ich gefragt, ob es jüdischen Humor
gebe.
    Keine Ahnung, was das ist, aber Mascha Kaléko hatte
eine Menge davon.

Das bleibt. Und ihre Gedichte.

Die ich von nun an lesen werde zu Matineen, Soireen, gelegentlich auch mitten in der Nacht.

Dilemma

Ich stehe vor einem Dilemma, das mich umtreibt. Ein Dilemma der besonderen Art, das man mit »Was tun mit den ollen Kamellen?« umschreiben könnte.

Alte Menschen, alte Möbel, alte Erinnerungen – was tun damit? Klingt launig, aber damit ist nicht zu spaßen!

Eines Morgens, nicht allzu lange her, landete per Spedition ein riesiger roter Container in Berlin, Benachrichtigung durch den Zoll. Meine Tante hatte kurzerhand einen Großteil der Möbel, die sie nicht mit ins Heim nehmen konnte, verschickt – an mich. Schöne Möbel, antik bis sehr antik, eine Anrichte aus dem 16. Jahrhundert, ein Nussbaumtisch von 1786, ein Biedermeier-Stuhl von 1830. Dunkle Hölzer, viele Intarsien, großes Handwerk.

Nur – was sollte ich damit? Meine Wohnung war schön. Ich mochte sie gerade sehr, die leeren Flächen, die Aufgeräumtheit, edel, aber doch wohnlich. Wie moderne Wohnungen für moderne Menschen heute eben so sind: klar, sachlich, aber mit ausgesuchten Details, kein Kitsch, ein paar Farbakzente. Gut, man weiß nicht so recht, wo man sitzen soll. Aber ist das so wichtig?

Der Zoll gab mir die Möbel ohne Formalitäten. Und

nun hatte ich das Problem: ein Container voller Vergangenheit, voller Geschichte. Geschichte in Holz.

Der Wohnzimmertisch, ein Riesentrumm, um den man den Hund gejagt, in den man die 6er-Reihe, die man frisch in der Grundschule gelernt hatte, stolz mit dem Küchenmesser eingraviert und auf dem man die Sonntagsbratensoße heimlich verrieben hatte – müsste der nicht irgendwo Platz finden? Nein, pure Sentimentalität, kindische Schwäche. Es wäre beinahe so, als würde man erneut im Elternhaus einziehen. Ich schloss den Container vorsichtig, aber bestimmt und parkte ihn bei Zapf Umzüge. Unfähig zu jeder weiteren Entscheidung.

Mit den Erinnerungen ist es ähnlich. Was tun damit? Vor allem, wenn es nicht die eigenen sind? Meine sechsundneunzigjährige Tante teilt mir munter ihre Erinnerungen mit. Am liebsten aus dem Jahr 1941, als die Deutschen in Jugoslawien einmarschierten und damit das Ende ihrer vornehmen und friedlichen Jugend einläuteten. Sie erzählt mir von ihren Freunden, die es wenige Monate später nicht mehr gab. Sie zeigt mir Fotos, schwarz-weiß, und weint. Ich sehe junge Menschen, die fröhlich in die Kamera lächeln.

Was ich mit ihren Erinnerungen mache, ist ihr egal, Hauptsache, ich vergesse sie nicht. Deshalb erzählt sie mir gerne dieselben Geschichten wieder und wieder. Wenn ich nicht daran ersticke, werde ich die Erlebnisse weitergeben.

Das mündliche Überliefern von Erinnerung, so die Historiker, sei äußerst problematisch, weil, wie bei dem Spiel »Stille Post«, jeder, der etwas weitergebe, es naturgemäß auf seine Weise tue, und jeder, der zuhöre, es ebenfalls auf seine Weise tue, wodurch sich die Geschichten veränderten, die Fakten verschöben. Je öfter das passierte, desto schlimmer, am Ende stimmte nichts mehr.

Arme Historiker. Sie kämpfen gegen die Schwerkraft oder besser: Fliehkraft der Erinnerung, alles entzieht und verwandelt sich. Ist es also besser, sich nicht zu erinnern? Oder sich unbedingt zu erinnern, egal wie? Oder hat Erinnerung nur unter Einhaltung des historischen Reinheitsgebotes Bestand?

Nun bin ich keine Historikerin. Und ich bin mir nicht ganz sicher, ob jede Erzählung meiner Tante wirklich genauso stattgefunden hat. Fakt ist jedoch, für sie war es so, also war es so. So weit meine Tante. Aber was ist mit mir? Ich habe die Möbel und die Erinnerungen meiner Tante, meiner Familie und inzwischen auch meine. Was tun damit? Wozu sie bewahren, und wie?

Wer möchte wissen, wie es in den 80er-Jahren in Berlin aussah? Wer braucht das? Aber wenn es keiner braucht, wozu habe ich es dann erlebt?

Es ist sinnlos, was wir erleben, so viel ist klar. Es ist wahrscheinlich nur für uns, nur für uns selbst.

Primo Levi haben seine Erinnerungen lange nach der Shoah in den Tod getrieben. Weil er das Unermessliche, das er hatte erleben müssen, nicht teilen konnte. – Vielleicht, weil ihm niemand mehr zuhören wollte?

Ein Leben ohne Erinnerung, ohne alte Möbel und frei

von alten Menschen. Eine interessante Perspektive, aber auch ein wenig unheimlich. Ein bisschen wie eine Philippe-Starck-Badewanne, in der ein junger Mensch sitzt und auf einem MacBook E-Mails schreibt. Oder wie ein TGV mit Veganern im Vorschulalter.

Am Prenzlauer Berg und in den feinen Seitenstraßen des Kurfürstendamms hat man sich auf die Möbel meiner Jahrzehnte spezialisiert. 60–90er-Jahre Design. Eine knallrote Plastikleuchte kostet inzwischen ein Vermögen. Schon damals gab sie kaum Licht, aber die Brillen heutzutage sind ja erheblich besser.

Ordnen heißt von nun an die Devise. Brauchbare Möbel und Erinnerungen ins Töpfchen, den Rest ins Kröpfchen, sprich zur BSR. Himmel und Hölle: brauchbare Erinnerungen speichern, aufschreiben, katalogisieren, gegebenenfalls weitererzählen. Den Rest in den Orkus des Vergessens. Müll.

Ein idealer Plan.

An einem Dienstag im Morgengrauen (ich weiß es genau, die alten Möbel waren seit zweieinhalb Wochen eingelagert) umkreisen mich im Halbschlaf plötzlich alte Holzschränke wie Raubtiere. Ihre Türen sprangen auf und zu im Sekundentakt. Antike Lampen schwebten wie exotische Insekten über mir, griffen nach mir, bedrohten mich, währenddessen sie taghell leuchteten.

In der folgenden Nacht schließt man mich bei Christie's ein. Ich sitze auf einem Louis-XIV-Sessel, und die alten Möbel erzählen mir ihre Geschichten.

Sie machen mir einen Strich durch die Rechnung: Die alten Möbel, die hartnäckigen Erinnerungen und die aufdringlichen Greise. Sie scheren sich einen Dreck um mein Dilemma.

Wie die kleine Olivetti, die rote Reiseschreibmaschine, die mir Zio Giorgio, mein Onkel aus Mantova, noch zu Lebzeiten geschenkt hat. Ich war fünf, und die rote Olivetti das kleinste, leichteste, schickste und modernste Modell, das es gab: Der Ferrari unter den Reiseschreibmaschinen. Kein Mensch schreibt mehr auf einer solchen Schreibmaschine, ich weiß. Ich werde die Olivetti trotzdem in den nächsten Toskana-Urlaub mitnehmen, und wenn ich nicht darauf schreibe, werde ich darauf sitzen. Einfach so. Weil sie so schön ist. Und sehr stabil.

»David«, sage ich, als mein Sohn nach Hause kommt, »erinnerst du dich noch an die alte Schreibmaschine von Onkel Giorgio, von der ich dir mal erzählt habe?«

»Mama, bitte hör auf mit dem alten Zeug«, erwidert mein Ältester und wendet sich müde seinem iPod zu, »nervt krass!«

Mutprobe

Helden! Mut! Heldenmut!

In der Waldorfschule wurden uns früher die schönsten Biografien erzählt. Einige handelten von Heldentaten, man hoffte, wir würden uns ein Beispiel daran nehmen. Die Methode ist nicht ganz verkehrt, positive Leitbilder können nicht schaden, immer wieder habe ich versucht, wie Einstein zu rechnen und wie Callas zu singen. Versucht.

Ich bin nicht gerade eine geborene Heldin, aber wenn einer etwas Mutiges tut, bin ich augenblicklich sehr gerührt und voller Hochachtung.

Na gut, nicht immer. Es gibt Mutproben, die finde ich alles andere als bewundernswert oder nachahmungswürdig. Wenn Menschen in den Sommerferien von extrem hohen Klippen ins Meer springen, wenn sie Canyons runterpaddeln, die nur für Profis geeignet sind, wenn sie 5000er besteigen ohne Ausrüstung und Erfahrung, frage ich mich schon: Warum?

Warum tun sie ausschließlich Dinge, die lebensgefährlich sind und wofür andere mitunter jahrelang trainieren? Brauchen sie einmal im Jahr einen Nervenkitzel, um sich zu spüren, weil sie die restliche Zeit des Jahres im

Büro vor dem Computer gefangen sind? Der Bericht eines Querschnittsgelähmten hat mich lange beschäftigt, er ist von einem hohen Felsen ins Wasser gesprungen, aber dabei gegen die Felswand geprallt. Meine Freundin Hella klettert jeden Mittwoch in der Halle, allerdings angeseilt, gesichert von einem weiteren Kletterer – ich bin immer froh, wenn ich sie donnerstags zum Bäcker laufen sehe. Es gibt auch Eisklettern, da hangelt man sich an den Eiszapfen gefrorener Wasserfälle entlang zum Gipfel. Man kann auch einfach in Kanadas Wäldern spazieren gehen, da, wo die Bären hausen, und extra kein Gewehr mitnehmen. Es gibt so einiges, was man machen kann. »Ti puzza la salute« – dir stinkt die Gesundheit, sagt man im Italienischen dazu.

Wo genau endet der Leichtsinn und beginnt der Mut?

Es gibt unendlich viele Möglichkeiten, echten Mut zu beweisen. Schindler war ein Held, was Zivilcourage betrifft, Messner in den Bergen und Marie Curie im Labor.

Was habe ich eigentlich Heldenhaftes in meinem Leben geleistet? Ich bin kein Angsthase. Habe in der Regel eine große Klappe, und die Partisanin in mir regt sich augenblicklich, wenn ich Ungerechtigkeiten in meiner Umgebung zu bemerken glaube. Reicht das schon für ein Denkmal in der Dorfmitte? Wohl kaum.

Vor wenigen Jahren hat ein Verein, dessen Mitglied ich bin, sich mit folgendem Problem auseinandersetzen müssen: Ein paar Mitglieder hatten ehemalige Stasimitarbeiter identifiziert und deren Ausschluss verlangt. Sie wollten nie wieder mit diesen Menschen zu tun haben müssen. Menschen, die maßgeblich ihre Karriere manipuliert oder verhindert hatten. Sie hatten ihren ganzen Mut zusammengenommen und einen Brief an den Vereinsvorstand verfasst, in dem sie die Problematik beschrieben.

Ich dachte, der Fall sei eindeutig und würde schnell gelöst, innerhalb weniger Tage würden sich die ehemaligen IM zurückziehen. Wer bleibt schon unerwünscht auf einem Geburtstagsfest? Wer hängt schon an einem Club, der weder Geld noch Ruhm einbringt? Doch weit gefehlt, die Beschuldigten bewegten sich nicht. Keine Erklärung kam aus ihrer Ecke, keine Rechtfertigung, kein Austritt, nichts. Stille.

Die Opfer fühlten sich einmal mehr gedemütigt.

Es wurde eine Sonderkommission einberufen, um sich der Sache anzunehmen. Nach unzähligen Diskussionen wurde beschlossen, alle Akten dieser Ex-IM zu lesen, sich mit ihnen zu unterhalten, die Gründe für ihren Beitritt zur Stasi zu überprüfen, um dann zu entscheiden. Vielleicht waren sie gezwungen worden? Sehr jung überlistet, nicht in der Lage, sich zu wehren? Man orientierte sich an anderen Vereinen, wie gingen andere öffentliche Anstalten mit dem Thema um? Schließlich waren schon über zwanzig Jahre ins Land gegangen, selbst Totschlag verjährte …

Ich muss zugeben, mich brachte die Form der Auseinandersetzung aus dem Lot. Wenn nur ein einziges Opfer sich von der Anwesenheit eines Täters bedroht fühlt, muss der Täter gehen. So sehe ich das, mein Credo und ich waren darin unbeweglich. Man bat mich, erst die Akten zu lesen, dann zu urteilen. Man müsse seinen Mut zusammennehmen und sich den Aktenbergen stellen. Bitte? Was für einen Mut musste denn das Opfer aufbringen, jedes Mal wieder mit seinem Peiniger am Tisch zu sitzen? Und wer waren wir eigentlich? Den Haag? Wie konnte man glauben, nach der Durchsicht der Akten besser urteilen zu können?

Ganz ehrlich, mich interessierten die Täter weitaus weniger als die Opfer, mit denen ich mich sofort identifizierte. Ich hütete mich davor, die jüdische Keule der Nazizeit zu schwingen, ja, auch nach dem Krieg blieben viele Nazis in ihren behüteten Positionen, während die Opfer nie wieder auf die Beine kamen. Nein, das sagte ich nicht. Auch nicht, wie idealisiert und beliebt die Täter sind, wenn das Gespräch auf die RAF kommt. Sie geben die besten Kinostoffe ab, während man sehr selten erfährt, wie es den Kindern der Entführten und Ermordeten geht.

Ist es mutiger, das Schicksal der Täter zu durchleuchten oder sich dem Schmerz der Opfer zu stellen? Braucht es Mut, um Stasiakten zu lesen? Und muss man besonders mutig sein, um zu richten, auch auf die Gefahr hin, sich zu täuschen? Feige wäre, nichts zu tun, darin waren sich alle einig. Von den »angeklagten« IM fehlte nach wie vor jede Aussage, jede Stellungnahme.

Ich verließ die Kommission. Ab und zu hörte ich, dass man sich mit den »Beschuldigten« traf, dann wieder kiloweise Akten las. Noch später erzählte man mir, man habe sich geeinigt, das Ergebnis sei intern, aber ein sehenswerter Film sei entstanden, eine Dauerausstellung in Planung.

Letztes Jahr verbrachte ich den Sommer in der Toskana. Wir probten ein Theaterstück, an dem ein ganzes Dorf beteiligt war. Es ging um Partisanen und Faschisten in den letzten Kriegstagen. Dass entlang der »Hilde-Linie« gemordet worden war, wusste ich schon, dass noch heute ein Riss durch die kleinen Dörfer dieser idyllischen Umgebung ging, wusste ich nicht. Begleitend zum Theaterstück gab es einen Kongress. Deutsche und italienische Historiker untersuchten minutiös die letzten Kriegswochen: Hätte man die Massaker verhindern können? Wer war schuld? Die Partisanen, weil sie die Nazis provoziert hatten? Die Vergeltungsschläge hatten viele Opfer gefordert, in den Dörfern sprach man seit siebzig Jahren nicht darüber, man musste miteinander weiterleben, irgendwie.

Sommer '44, die deutsche Wehrmacht ist mehr als angeschlagen. Die Alliierten sind auf dem Vormarsch. Sie klettern von Süden hoch, sie drängen von der Adria rein und übers Mittelmeer. Die deutschen Truppen in der Toskana bestehen aus Soldaten, die schon traumatisiert aus Afrika kommen, Kindern – oder wie soll man den sechzehnjährigen Nachschub nennen? – und strammen Nazis, SS-Gruppenführern, die jetzt auf der Flucht, in die Enge getrieben, erst recht auf alles und jeden schießen. Die Toskana wird Schauplatz brutaler Vergeltungsschläge. Italienische Kinder, die diese Massaker überlebt haben, sind auf den Kongress eingeladen, sie erzählen. Inzwischen sind sie alte Leute, aber die Erinnerung ist nicht verjährt, sie suchen nach den richtigen Worten, um nicht zu weinen.

Ich schreibe mit, versuche zu verstehen.

In der Mittagspause sehe ich drei Männer im Hof herumstehen. Abseits, als hätten sie sich in Ort und Zeit geirrt, fehl am Platze. Nach der Pause aber sitzen sie auf dem Podium. Sie sind Kinder von Nazigrößen, die sich hier ausgetobt haben. Sie beschreiben, wie sie herausgefunden haben, wer ihre Väter waren, sie suchen den Blick der alten Leute, die einmal Kinder waren, stottern, suchen nach den richtigen Worten, um nicht zu weinen.

Sie entschuldigen sich für etwas, das sie nicht getan haben, das ihnen zusetzt und ihr Leben bestimmt. Sie sind an den Ort des Verbrechens gefahren, um sich zu stellen, den Menschen, den Fragen, der Erinnerung.

Was sich da oben auf diesem Podium in der Mittagshitze der Toskana abspielt, ist unglaublich.

Mal erzählen die einen, dann die anderen, zwischendurch ist Stille. Sowohl die Zuhörer als auch die Teilnehmer halten den Atem an. Ich habe den allergrößten Respekt, vor allen.

Ob ich diesen Mut aufgebracht hätte? Vielleicht ist es ein ähnlicher Mut, den meine Vereins-Kollegen aufbringen mussten, um sich durch die Stasiakten zu kämpfen und den Opfern des Regimes zuzuhören.

Ich weiß nicht, was Versöhnung genau ist, es ist ein zu großes Wort. Es hat auf jeden Fall mit Mut zu tun, mit einer Menge Mut. Ja, ich glaube, dass dieses Treffen die größte Mutprobe ist, die ich jemals gesehen habe, und auch die wichtigste. Komischerweise ist sie nicht lebensbedrohend, sondern lebensbejahend. Und so viel sinnvoller, als in eine Schlucht zu springen.

Krisengebiet Weihnachten

Dass ich Jüdin bin, hat sich, denke ich mal, bei dem einen oder anderen in der Republik herumgesprochen, und als solche habe ich eigentlich keinen Anspruch auf Weihnachten.

Als Kind hat mich das nicht davon abgehalten, Weihnachten voller Inbrunst zu erwarten.

Im Waldorfinternat begann ab Anfang November der Ausnahmezustand: Mehrere Zentner Tannenzweige wurden aus dem Wald geholt, um für den Basar Kränze zu flechten. Überdimensionale Reifen wurden mit dem frischen Grün bespannt, gewaltige rote und weiße Kerzen schmückten die Ungeheuer, die unter lauten Ahs und Ohs hochgezogen wurden. Vielleicht waren sie auch gar nicht so groß, nur ich war noch so klein? Kerzenuntersetzer wurden aus glänzendem Goldpapier gebastelt, mit jeder Woche wurde es spannender. Erst kam Knecht Ruprecht und hatte mit seiner Rute einen furchterregenden Auftritt, hinterließ aber im Flur ein Knusperhäuschen, beklebt mit kiloweise Schokolinsen, Spekulatius und Zuckerguss. Dann wurden die Lieder immer inniger, die Erzählungen um die arme, schwangere Maria immer herzerweichender.

Und dann war endlich Ferienbeginn, und nur noch wenige Tage fehlten, bis Maria dramatisch niederkommen sollte. Ich fuhr nach Hause, meine Eltern machten ein Foto mit mir und einem winzigen Plastiktannenbaum, den sie verschämt ins Bild hielten (wobei sie darauf achteten, selbst nicht auf dem Foto zu sein), schenkten mir Briefmarken (das ist praktisch) und ein Zugticket für den 24.12. Wir würden – im Schlafwagen – auf Reisen gehen. Wie jedes Jahr. Paris, Milano, Brüssel. Wir seien Juden, dieser Messias sei nicht der unsrige. Eine Erklärung, die mir so gar nicht darüber hinweghalf, dass ich keine Bescherung, keine Mitternachtsmette erleben, keine Krippe aufbauen durfte mit Ochs und Esel, dem rotwangigen Jesuskind. Im Schlafwagen weinte ich bitterlich, morgens im zugigen Bahnhofs-Bistro beneidete ich meine Freunde um das schöne Weihnachtsfest. So auf der Flucht durch die europäischen Großstädte würde uns der Stern von Bethlehem nie finden.

Als ich später in Berlin studierte, wurde es besser. In der Adventszeit wurde »wie Bolle jefeiert«, wahrscheinlich aus der vorauseilenden Sorge darum, wie das Weihnachtsfest daheim würde. Ich begriff, dass Weihnachten ein durchaus ambivalentes Vergnügen sein kann, vor allem in der Familie.

Und dann kam der eigentliche Einschnitt: Ich bekam Kinder. Es ist kein typisch jüdisches Phänomen, dass mit der Geburt der eigenen Nachkommen althergebrachte Rituale wieder an Bedeutung gewinnen. Sogar die härtesten Hippies singen irgendwann beseelt mit ihren Kindern im Kirchenchor. Kurzum, meine Kinder bekamen eine jüdische Grundausbildung, und Chanukka trat an die Stelle von Weihnachten. Hauptsache Rituale, sagte schon Rudolf Steiner.

Wir zündeten acht Tage lang Kerzen (jeden Tag eine mehr), sangen aus voller Brust für die heldenhaften Makkabäer, aßen viel und fettig. Vorzugsweise Ölspeisen, um an das kostbare Öl zu erinnern, das wundersamerweise für acht Tage ausgereicht hatte.

Und die Kinder bekamen einen Haufen Geschenke. Nach diesen acht Tagen ist man ziemlich erledigt und würde sich gerne erholen oder zumindest eine Diät beginnen. Und dann kommt Weihnachten.

Mein Mann ist als guter Linker schon vor ewigen Zeiten aus der Kirche ausgetreten, aber fatalerweise versteht er in puncto Weihnachten keinen Spaß. Er möchte fett essen, viel singen und die Bescherung, natürlich.

Es trug sich also zu, dass eines schönen Skiurlaubs nach dem letzten Chanukka-Tag just das Weihnachtsfest begann. Das ist nicht immer so. Manchmal liegen diese beiden Großereignisse sehr weit auseinander, so weit wie eben Juden- und Christentum. Aber diesen Winter rückte uns der kalendarische Zufall bedrohlich nah zusammen. Mein Mann kochte den ganzen Tag vor sich hin, ein heiliges Lied auf den Lippen. Als er aufgetischt hatte, rief er uns zu Tisch, erschöpft erhoben wir uns vom Sofa, so schön die Ente in ihrem Fett auch glänzte, sie konnte uns nicht mehr in feierliche Stimmung versetzen, Chanukka hatte jede Feierlaune aus uns hinausgepresst. Enttäuscht knabberte mein Gatte an den Knochen des Vogels, die Kinder hatten kaum gegessen, aber schon das Papier von den Geschenken gerissen, die der Teil der nicht jüdischen Verwandtschaft liebevoll für sie verpackt hatte. Sehr schmal wurden die Augen meines Mannes, als er seine Stimme zur Klage erhob. Das sei unfair und lieblos, wir hätten ihn hochmütig alleine gelassen, es sei zwar erst neunzehn Uhr, aber für ihn sei der Abend nun zu Ende. Damit löschte er das Licht, im Dunkeln hörte ich ihn weitergrummeln und wehklagen. Das war sie also, die berühmte Weihnachtsdepression, von der ich so viel gehört hatte. Eine Weile saßen wir still da, dann versuchten die Kinder im Finstern in ihre Betten zu schleichen.

Hier gab es Handlungsbedarf. Ich sprang auf und schrie: »Halt! Stopp! Alle raus! Wir gehen wandern, die frische Luft wird uns guttun!«

Draußen war niemand, durch die Fenster konnte man vereinzelt in Wohnstuben blicken, wo gerade die Bescherung vonstattenging, es stürmte, und wir waren alle sehr schweigsam.

Über eine Stunde waren wir durch den Schnee gestapft, als wir bei einem Hotel hielten, um kurz einzukehren, uns aufzuwärmen. In einer Nische vor dem Eingang verkleidete sich der Koch gerade als Weihnachtsmann. Die Bescherung für die Gäste sollte jeden Moment beginnen, eine Familie auf Wanderschaft hatte man jetzt nicht erwartet. Wegschicken ging jedoch auch nicht, jeder kennt die Mär, wie es sich mit Maria und Josef an jenem Abend zutrug. Also bat man uns hinein, irritiert, was für eine Familie das wohl sei, die abends spazieren ging, anstatt das heilige Fest zu begehen. Die Jungs zogen ihre Skianzüge aus, in Strumpfhosen verfolgten sie die Ansprache des Weihnachtsmanns, alias Koch, lauschten den Gedichten der Geschäftsführerin, hörten den Portier singen. Die Geschenkpäckchen der Gäste des Fünf-Sterne-Hotels waren sehr klein, Juwelen brauchen nicht viel Platz. Man brachte für die Kinder Kekse und Kakao zu unserem Tischchen, aus echtem Mitgefühl, oder hielten sie uns für eine Testfamilie der »Aktion Mensch« und hatten Angst vor der versteckten Kamera?

Wir tranken Glühwein, genossen die feierliche Atmosphäre, und wenn die Heiligen Drei Könige *in personam* vorbeispaziert wären, es hätte mich nicht gewundert. Der Familienstreit hatte sich über Sternanis und Zimt aufgelöst.

Dieses Jahr wird Chanukka wieder knapp vor Weihnachten begangen. Es kommt also wieder zur Kollision der Feste, also zum Problem. Aber diesmal werde ich es nicht so weit kommen lassen. Ich werde am 24.12. mein Bestes und mehr geben, um siebzehn Uhr die Chanukka-Lichter anzünden, fünfzehn Minuten später den Plastikweihnachtsbaum meiner Eltern aus dem Keller holen, ihn um siebzehn Uhr dreißig mit selbst gebastelten Strohsternen behängen und ab achtzehn Uhr sämtliche Weihnachtslieder schmettern, die ich kenne. Ich werde jubilieren, dass sich die Balken biegen. »O du fröhliche«, Strophe eins bis sieben. Ich werde zwei Gänse braten, mit Nelken gespickte Äpfel in den Ofen schieben und Monopoly spielen, wenn's sein muss auch Blockflöte. Deeskalation heißt dieses Jahr die Devise. Ich werde alles tun für eine friedliche Weihnacht, denn noch ein weiteres religiöses Krisengebiet können wir uns alle nicht leisten.

Frühling

Meine Liebe,
der Biber hat über den Winter meine Apfelbäume »beschnit-
ten«. Es gibt einen Fuchs, der wohnt im Stadtpark Schöne-
berg und kontrolliert, wann ich nach Hause komme. Wild-
schweine haben alle Blumenzwiebeln, die die Ein-Euro-Kräfte
just eingepflanzt hatten, wieder ausgegraben und gefressen.
Jetzt würde ich meinerseits gerne diese Schweine verspeisen!

Die internationalen Kinofans haben zur »Berlinale«-Zeit die
Stadt erst im Arktismodus kennengelernt. Dann kam gefro-
rene Hundescheiße unter dem Schnee zum Vorschein. Im
Kino Flüchtlingsdramen, draußen idem. Die Regierung ver-
teidigt sich, Krise allerorten.
   In den Flüchtlingsheimen kommt es zu Ausschreitungen,
unter anderem, weil die Heizungen ausfallen. Nur in der
Schweiz will man unter sich bleiben und setzt auf Qualitäts-
steigerung und Luxus durch noch mehr Abgrenzung. Wenn
alles den Bach runtergeht, die ganze Welt zur Hölle fährt,
werden sie allein und unter sich unseren schönen Erdball
bewohnen.
   Schaue unserem Liebling Severin Freund beim Skisprin-
gen zu. Stell Dir vor, nur auf der Schanze liegt Schnee, sonst
alles grün drumherum, seine Fans im T-Shirt. Der Klima-

wandel macht mir ein schlechtes Gewissen, ich werde nie mehr in ein Flugzeug steigen. Skifliegen wie Severin wäre eine Alternative.

Du hast völlig recht, wir sollten uns für das neue Jahr Veränderungen vornehmen. Habe eine Handvoll guter Vorsätze, nicht mehr Fluchen ist einer. Als mein Wagen heute früh nicht ansprang, habe ich diesen und alle anderen über Bord geworfen. Sei ehrlich: Du kaust sicher nicht fünfunddreißig Mal auf einer Seite. So viel Geduld hast selbst Du nicht!

Uns beiden haben all die Meditations- und Yogakurse vielleicht nicht geschadet, aber auch nicht wirklich genutzt.

PS: In sechs Wochen werden die Freibäder wieder öffnen, ich habe einen neuen Speedo mit Stretch, der auf den Namen »Phelps« hört – mir kann nichts mehr passieren. Verheißungsvoller Frühling.

Luther und die Sauna

Meine Freundin Hella hat sich pünktlich zum Luther-Jahr in dessen Thesen vertieft, leider derart gründlich, dass man mit ihr nicht einmal mehr in die Sauna gehen kann.

Sie spricht zunehmend in altmodischen Formulierungen: allein durch Gnade, allein durch Glauben, allein durch die Schrift – ich aber will nicht allein, sondern mit ihr, und so nehmen die Missverständnisse ihren Lauf.

Ein Regiekollege behauptet, nur die katholischen Schauspieler würden wirklich etwas taugen, die evangelischen seien zu verklemmt, zu moralisch, körperlos. Woran das liege? Er sagte nur: »Die Transsubstantiation.« Ich kann dieses Wortungetüm noch nicht einmal aussprechen, er aber fährt munter fort, bei den Katholiken sei beim Abendmahl der Körper präsent: »Dies *ist* der Leib Christi«. Und nicht nur eine labbrige Oblate: »Dies *bedeutet* der Leib Christi« wie bei den Evangelen. Die Katholiken würden diesen Körper und ihre dramatische religiöse Ausbildung mit ins Theater tragen, das mache sie interessanter, ambivalenter, dreckiger, na eben zu all dem, was Körper und Sinnlichkeit mit sich brächten. Eine gewagte These, ich maße mir da kein

Urteil an, spiele ich ja als Jüdin sowieso in einer anderen Liga.

Ein prominentes Gegenbeispiel ist die Kabarettistin Désirée Nick. Sie hat evangelische Theologie studiert, ist aber weit entfernt von jeder Art von Verklemmung, im Gegenteil, manchmal wünschte man sich, sie würde das eine oder andere oder sogar beides nicht aussprechen …

Ich verstehe das Problem gar nicht. In allen Kirchen, egal ob katholisch oder evangelisch, ist es weitaus stiller und andächtiger, als es je in einer unserer Synagogen war. Nun gut, bei den einen stehen manchmal auch Frauen vorne und predigen, sogar auf Deutsch, wie bei uns in den Synagogen der Reformierten, bei den anderen sind die Gebetshäuser von überbordender Ausstattung, was Malerei und Goldschmuck angeht, und es fällt mir schwer, den Blick von Marias lieblicher Brust zu wenden.

Hella hat mir erklärt, dass Luther praktisch das selbstständige Denken in die Religion getragen habe. Das klingt vernünftig, selbstständig denken kann nie verkehrt sein. Dass dies der katholischen Kirche nicht auf Anhieb gefallen hat, kann ich mir ebenfalls vorstellen. Warum sie sich dann über Jahrhunderte die Köpfe eingeschlagen haben, bleibt mir allerdings ein Rätsel, aber Religionskriege sind sowieso absurd. Meine Religion ist dabei, sich selbst zu vernichten, wenn es im Heiligen Land so weitergeht. Ich kenne Gott nicht persönlich, aber gut genug, um zu wissen, dass er das sicher nicht gemeint haben kann. Ich wäre gerne seine Pressesprecherin, um mit ein paar grundlegenden Missverständnissen aufzuräumen. Im Namen Gottes morden? Dann lieber gleich Atheist sein, und aus die Maus!

Zurück zum Theater. Die einen sind also angeblich dramatischer, körperlicher, die anderen in der Lage, selbstständig zu denken. Als Regisseurin würde ich einfach beide besetzen, dann wäre der Abend sicher von Erfolg gekrönt. Das teile ich meiner lutherforschenden Freundin Hella mit, was sie mit schmalen Augen quittiert. »Lass doch den alten Luther«, füge ich hinzu, »der wollte uns Juden auch lieber als Christen sehen …« Hella bleibt unerschütterlich ernst, so oberflächlich ließe sich das Thema nicht behandeln. Der Herr Martin Luther habe sogar für das »Synagogenanstecken« plädiert, da ihm das auserwählte Volk nicht gehorchen und freiwillig zu seinem neuen Christentum übertreten wollte. Das sei alles andere als lustig und habe etliche Nachahmer gefunden. Und obwohl es in Gebetshäusern manchmal zugehe wie im Theater, sei der Kern der Frage ein völlig anderer und ziele auf den der inneren Wahrhaftigkeit.

Mein Gott denke ich, innere Wahrhaftigkeit, wer soll so viel Moralisches ungefrühstückt verkraften?

Das mit der Moral ist ohnehin ein weites Feld. Moral ist schön, nur zu viel davon schadet, das ist bei Schokoladeneis nicht anders.

Meine Großtante Leah hatte folgendes Problem: Sie war während der Nazizeit in einem Lager. Kein Vernichtungslager, Gott sei Dank, aber ein Hotel war es auch nicht.

Nach dem Krieg hatte sie einen kleinen Stand auf dem Wochenmarkt, Kurzwaren, Wollsocken und Handschuhe, dienstags und donnerstags. Allerdings litt sie zunehmend an allerlei Beschwerden, ausgelöst durch die Kriegszeit, durch Hunger, Kälte und Mangel an allem. Wir überzeugten sie schließlich, zum Arzt zu gehen. Sie würde hundert werden, bescheinigte ihr dieser, aber sie müsse sich schonen, Schluss mit der Marketenderei, zu kalt, zu heiß, zu ungesund. Sie müsse sich endlich entscheiden, Wiedergutmachung zu beantragen, das stehe ihr schließlich zu, fügte der Doktor beim Abschied hinzu und drückte ihr das Antragsformular in die Hand.

Wer achtzehn Monate unter dem Naziregime gelitten hat, habe Anspruch auf eine bescheidene Summe, lasen wir abends unter der Küchenlampe. Leah rechnete nach, sie war nur sechzehneinhalb Monate im Lager gewesen. Sie hatte ihre Familie verloren, ihre Wohnung, ihr ganzes bisheriges Leben war ausgelöscht worden, aber sie brachte die achtzehn Monate nicht zusammen.

Das war Pech, aber die Wahrheit. Sie würde noch ein paar Jahre auf den zugigen Marktplatz müssen, Lügen und Mogeln kämen überhaupt nicht infrage, das sei unmoralisch, gerade in dieser Frage völlig unmöglich.

Lügen, Mogeln, Moral, Wahrheit – die ganze Nacht konnte ich nicht schlafen. »Hier stehe ich. Ich kann nicht anders.« Auch Luther litt an Schlaflosigkeit, fiel mir dabei ein. Gegen drei Uhr früh musste ich an Moses denken. Er suchte stets nach Auswegen, verhandelte sogar mit Gott über Detailfragen seiner Gebote … Tante Leah tat mir schrecklich leid, und die Ungerechtigkeit des ganzen Holocaust kam mir einmal mehr hoch.

Beim Frühstück schwiegen wir, das kommt bei uns eigentlich nie vor.

Aylin, die bei Tante Leah putzt, schlug vor, wir sollten zum Amt. Wozu sonst seien Ämter da?! Aber mal ehrlich, was weiß Aylin schon von deutscher Bürokratie? Genug, schien Aylin meine Gedanken zu lesen, sie habe sich dreiundzwanzig Jahre lang mit deutscher Bürokratie herumgeschlagen. Man müsse penetranter sein als die deutschen Beamten, sie kenne sich da aus. Penetranter als der deutsche Beamte, wie, bitte, sollte das denn gehen?

Frau Bäuerle, eine schwäbische Sachbearbeiterin, hörte sich die Geschichte an, ihre Wangen glühten, dann murmelte sie etwas von moralischer Verantwortung und schrieb, ohne mit der Wimper zu zucken, achtzehn Monate Lageraufenthalt in die dafür vorgesehene Spalte. Sie lächelte uns an, und ich dachte, Hella wäre stolz auf dich, Mädel, und was Luther davon gehalten hätte, weiß ich nicht, aber die Wiedergutmachung hatte just in diesem Moment begonnen.

Als ich Hella davon erzähle, lächelt sie schwach, sie sei gerade bei Luthers Spätlehre nach 1530 »Brief zur Liturgischen Gestaltung von Judentaufen« angekommen und mache eine harte Phase durch.

Ich spüre, hier ist entschiedenes Handeln gefragt! Lasse keine Widerrede zu, ziehe Hella mit mir, und für die nächsten Stunden schwitzen wir Luthers Lehren in der Sauna aus.

Im Jahr des Sports

Ich habe das große Glück, in einem Haushalt mit drei Männern zu leben. Ein ganz, ganz großes Glück ist das, weil ich nun endlich begreifen durfte, worum es beim Sport eigentlich geht. Bislang dachte ich immer, es ist gut und wichtig, selbst Sport zu treiben. In einer Sportart, die man über längere Zeit intensiv betreibt, lernt man sich selbst kennen, das formt nicht nur den Körper, sondern auch den Geist, so meine bisherige bescheidene Ansicht.

Das sei zwar richtig, aber nichts gegen das Vergnügen, Sport *zu sehen*, finden meine Männer.

Sie schlugen mir einen Selbstversuch vor: Nun mache ich nicht mehr selbst Sport, sondern lasse Sport machen, so geht das nämlich.

Schon relativ früh im Jahr wird der Giro d'Italia übertragen. Das ist nicht nur spannend, die Jungs fahren zudem durch Orte und Landschaften, die ich kenne; am Rand stehen Leute, die ich kenne, das ersetzt die Strapazen, selbst hinzufahren oder zu radeln. Manchmal regnet es ganz furchtbar, Lawinen aus Wasser und Schlamm kommen den Sportlern entgegen, aber das stört nicht weiter, Polizei und Krankenwagen sind immer dabei. Ich bin begeistert.

Bei der Tour de France kenne ich leider niemanden, aber die Orte, durch die die Jungs radeln, sind pittoresk. Häufig passieren schreckliche Unfälle. Einer kommt ins Trudeln, bremsen ist verpönt, alle fallen, stürzen übereinander, einige Glückliche, die heil vorbeikommen, fahren weiter. Am nächsten Tag ist alles vergessen, und so geht das ein paar Wochen. Es gibt unterschiedliche Tage. Mal müssen sie ewig fahren, dann wieder sehr kurz. Nicht immer bekommt der Erste auch dieses berühmte Gelbe Trikot. Das ist nicht ganz einfach zu verstehen, die Kommentatoren erklären es auch nicht sehr gut, na ja, besonders schön ist dieses T-Shirt eh nicht.

Es gibt immer noch Skandale, Gerüchte, wer wie gedopt ist. Das sind, sagt mein jüngerer Sohn, alle. Schlimm wird's nur, wenn's rauskommt. Ich bin mir nicht sicher, ob er über die Sportler redet oder über seine Spick- und Mogelzettel bei der Lateinklausur.

Die Huelva oder Huelta, die nuscheln alle schrecklich, die Spanier, ist die dritte Radtour bei uns zu Hause. Es ist mittlerweile Hochsommer, die Pyrenäen sind mörderisch steil. Manche Radfahrer haben schon die anderen zwei Touren in den Knochen und sehen aus wie der Leibhaftige. Es wird aber keinem verboten mitzufahren. Auch wenn das Herzinfarktrisiko erheblich ist. Ich weiß von einem, der gestorben ist, aber das wäre hier jetzt demotivierend.

Im August herrscht kurze Zeit Ebbe, da schauen wir Darts oder Snooker. Die Kugeln rollen wie am Schnürchen in die Löcher, über Bande oder als Kombination, »das ist, wenn mehrere Kugeln angespielt werden«, sagt der Mann, der alles, was man sieht, nochmals benennt. Die Spieler haben vornehme Westen an, es geht sehr zivilisiert zu. Beim Darts etwas weniger, im Publikum wird gesoffen, was das Zeug hält. Ginger Ale und Chips Salt and Vinegar gibt es natürlich auch bei uns vor dem Fernseher, sonst wäre es kein Sport.

Ich bin noch nicht sicher, wie ich die zusätzlichen Kilos von dieser Art Sport zu treiben wieder loswerde, aber meine Männer winken bei derart niederen Problemen ab.

Alle vier Jahre gibt es keine Sommerpause, sondern die Olympischen Spiele, dann legen wir richtige Marathonstrecken auf dem Sofa zurück. Erst alle Disziplinen sehen, dann den Moderatoren lauschen, wie sie die Ergebnisse diskutieren. Das ist wahre Höchstleistung. Dieses Jahr habe ich siebzehn Gold-, zehn Silber- und fünfzehn Bronzemedaillen nach Hause gebracht. Ich bin erschöpft, aber der Deutsche Sportbund ist dennoch unzufrieden mit der Ausbeute.

Die Bundesliga hat begonnen, und nicht nur die, auch der internationale Fußball geht in die nächste Runde. Die armen Jungs hatten kaum Sommerpause, schon geht es wieder los. UEFA Europa League, Champions League, Auswärts- und Heimspiele. Sie spielen wild durcheinander. Manchmal heißt die Mannschaft Bayern München, und Schweinsteiger ist dabei, dann Manchester United, und Schweinsteiger ist wieder dabei. Spielt gegen seinen deutschen Kollegen Schürrle. Am verwirrendsten ist es bei Özil. Der ist mal Türke, mal Deutscher, mal Spanier. Oder Bayer. Mein Mann sagt: Özil war nie bei Bayern München! Aber ich habe ihn ganz sicher in Rot-Blau gesehen. Und da fragen mich die Leute, was Heimat ist. Sollen sie doch Özil fragen!

Ich finde die Bayern langweilig, die gewinnen immer. Bei Dortmund ist es anders, die finde ich rührender. Zur Unterstützung habe ich auch deren Bettwäsche gekauft.

Fußball ist eigentlich das ganze Jahr über. In verwirrenden Kombinationen, aber immer in sehr schönen Kniestrümpfen.

Wenn es keinen Fußball in Europa gibt, gibt es Fußball in Amerika, da gehen alle auf ihre alten Tage hin, noch mal ein bisschen Geld verdienen, also schauen wir auch das. Und Frauenfußball natürlich. Hockey wird jetzt auch endlich übertragen, sogar in öffentlich-rechtlichen Sendern. Frauen wie Männer. Feldhockey wohlgemerkt, auf feinem dunkelgrünem Kunstrasen. Rugby gibt's auf Eurosport. Richtig starke Jungs, aber sehr fair. Viel fairer als die Fußballer. Und das trotzdem, nein, wahrscheinlich gerade, weil sie so bullig sind.

Sobald es draußen kühler wird, Ende Oktober spätestens, ist Wintersport-Saison. Irgendwo liegt ja immer schon Schnee. Dann habe ich wenig Zeit zum Arbeiten, weil es da wirklich zur Sache geht. Da wird Slalom gefahren und Langlauf. Schlittschuh und Bob. Im Rodeln sind wir

Deutschen ganz weit vorne. Die Königsdisziplin ist Skispringen. Wenn man genau hinschaut, kann man in Innsbruck den Friedhof unten sehen. Aber es gibt, obwohl die Skispringer so hoch und weit fliegen, sehr selten Tote. Das ist beruhigend, finde ich.

Den Langlaufweltmeister kenne ich persönlich. Seine Trainingsloipe auch. Dario Cologna. Er ging in einem kleinen Unterengadiner Dorf zur Schule, in dem wir manchmal Ferien machen. Dort ist er ein Volksheld. Ich finde ihn auch toll.

Neue Disziplinen kommen jedes Jahr hinzu, sie beginnen in der Regel mit »free«. Free riding, free snow etc. Das bedeutet in etwa, dass man Purzelbäume schlägt neben der Piste. Unklar ist, wie die mit ihren Brettern da hochkommen. Ich vermute, der ADAC-Hubschrauber bringt sie hin und nimmt auf dem Rückweg die Verletzten gleich mit.

Wir haben zu Hause acht Sportsender, aber es gibt natürlich noch viel, viel mehr.

Nach der Skisaison beginnen in Europa Leichtathletikmeisterschaften in der Halle.

Ich liebe Judo und Ringen, das ist so archaisch. Auch Gewichtheben ist cool. Dann sieht man vor allem Rumänen und Armenier, die sonst nicht viel zu lachen haben.

Bei den Läuferinnen sind die Klamotten in der Wäsche extrem eingegangen, es sind quasi Reste von Trikots. Wenn die Damen Beachvolleyball spielen, sind sie praktisch im Tanga unterwegs und müssen hin und wieder an diesem Reststoff zuppeln, um sich halbwegs zu bedecken. Das stört natürlich beim Wettkampf enorm. Da bin ich ganz für Gleichberechtigung und wünsche mir eine ähnliche Mode bei den Herren.

Last but not least beginnen sofort im Anschluss die Schwimmwettbewerbe. Auch wenn Mark Spitz und Johnny Weissmüller Legenden sind, diese *bodies* sind der Hammer. Im Gegensatz zum Beachvolleyball ziehen sie leider beim Schwimmen immer mehr an, erreichen damit aber Zeiten, dass ich jedes Mal denke, die Stoppuhr sei kaputt.

Ich habe viele Weltrekorde gesehen in der letzten Zeit. Weltrekorde, obwohl man glaubte, schneller, höher, weiter kann es gar nicht mehr gehen. Aber heutzutage geht es eben doch. Die Mittel sind umstritten, aber was weiß ich schon vom Sport?

Wichtig ist, dass Deutschland im Handball ganz weit vorne ist, sagt mein Sohn, das sei ein Wunder und mache ihn glücklich. Was Sport alles kann!

Heute Nacht werde ich mir alleine die kleine Armenierin anschauen, Boxweltmeisterin im Fliegengewicht. Meine Söhne glauben nicht an sie, aber ich habe ihren Lebenslauf gelesen und bin mir sicher, dass sie gewinnt. Sport hat viel mit dem Leben zu tun. Oder umgekehrt. Bei der Hammer-Vita wird sie den Titel noch lange verteidigen.

Wenn die Rallye-Paris–Dakar beginnt, die inzwischen weder mit Paris noch mit Dakar etwas zu tun hat, sondern in Südamerika stattfindet, ist das Jahr praktisch um. Und ich stelle mir vor, wie ich mit meinem Opel Agila durch die Wildnis sause und gegen Nasser Al-Attiyah hemmungslos siege.

Abenteuer Bibliothek

Die Schule meiner Kindheit hatte eine Bibliothek, und wie sich das gehört, war sie im Turmzimmer, was ihr sofort etwas Geheimnisvolles verlieh. Wir Kinder wurden still und ernst, sobald wir über die Schwelle traten, ein Privileg, diesen Raum betreten zu dürfen.

Es roch ein bisschen muffig, modrig, aber das gehörte dazu. Ein Buch zur Ausleihe pro Woche war erlaubt. Der *Kampf um Rom* war braun eingeschlagen.

Die Bibliothek meiner Jugend lag auf der anderen Seite des Baches. Man musste über eine kleine Brücke gehen, dann gelangte man in das Gebäude, einen 50er-Jahre-Flachbau, im Parterre befand sich die »Bücherei«. Ich erinnere mich an das Rauschen des Wassers, jedes Mal, wenn ich ein Buch auslieh. Meine Eltern lebten in Gießen, einem Städtchen in Mittelhessen, ich besuchte ein Internat im nahe gelegenen Marburg. Nur in den Ferien kam ich länger zu Besuch. Und es waren die Osterferien, in denen es in meiner Erinnerung stets durchregnete und mich die Bibliothek aus der Einförmigkeit des Alltags und der Starrheit der Pubertät rettete. Alle zwei Tage lieh ich mehrere Bücher aus, legte mich ins Bett, verschlang sie, brachte sie sofort zurück, um neue auszuleihen. Das Prozedere wurde nur unterbrochen, um mir im Pyjama einen Joghurt aus dem Kühlschrank zu holen. Es wurden so doch noch glückliche Ferien. Während draußen der April tat, was er wollte, war ich der Fänger im Roggen, lernte Tagebuch schreiben mit Max Frisch und begegnete der ersten großen Liebe, Chloé im *Schaum der Tage* von Boris Vian.

Nie wieder führte ich eine derart enge Beziehung zu einer Bibliothek.

»Frauenrecht« lautete später das Thema meiner Abiturarbeit, in der Waldorfschulbibliothek fand ich nichts zu diesem aufreizenden Thema, also trat ich zum ersten Mal den Weg in die Uni-Bibliothek an. Große Fenster gaben den Blick auf die Lahn frei, an den Tischen saßen Studenten, lasen stumm in dicken grauen Wälzern. Es dauerte eine Ewigkeit, bis ich mich durch die Karteikästen gewühlt hatte, vereinzelt standen Computer herum, an die sich keiner traute, schwere, große Kästen, unmöglich zu bedienen. Überfordert und den Tränen nahe, hatte ich nach drei Tagen meine Bücher beisammen. Da lagen sie schließlich auf meinem Schreibtisch: Simone de Beauvoir, Alice Miller, Alice Schwarzer – ich las und staunte und wurde nebenbei erwachsen.

Es sei das Recht einer jeden Frau, zu bestimmen, ob und wann sie ihr Kind austragen wolle. Nach Holland zu fahren, um abzutreiben, sei gefährlich und demütigend. Selbstbestimmung heiße das. Frauenrecht bedeute, dass wir Frauen unsere Rechte wahrnehmen müssten. Das alles sagte ich dem externen Prüfer, der in der Waldorfschule in Marburg die Abiturprüfung in Sozialkunde abnahm. Er lief rot an und gab mir eine Drei minus. Diese Themen waren für Hessen 1979 noch zu brisant.

In Berlin nahm die Bedeutung der Bibliothek für mich zunächst schlagartig ab. Ich studierte Schauspiel, wollte auf die Bühne und nichts sonst. Die kleinen Reclamheftchen mit den großen Dramen gab es für eine Mark neunundneunzig, kein Grund zur Ausleihe.

Aber die Staatsbibliothek war geheizt, was man von meiner Wohnung nicht behaupten konnte. Also las ich die für das Schauspielstudium notwendigen Werke direkt vor Ort. Shakespeare, Schiller und Kleist haben für mich nach wie vor den goldenen Schimmer, den dieses Scharoun-Gebäude als Außenfassade trägt.

Notenhefte gab es in der Amerika-Gedenk-Bibliothek. Das schöne Gebäude am Halleschen Tor, wo unglaublich freundliche Bibliothekarinnen gerne auch das eine oder andere Musical vorsummten, hatten die Amerikaner Berlin geschenkt ...

Amerika-Gedenk-Bibliothek, was für ein Name! Noch immer trage ich den Bibliotheksausweis mit mir herum: »Yes, I am a Berliner!« scheint er auszurufen.

Inzwischen gehe ich seltener in Bibliotheken. Vielleicht, weil ich mir die Heizkosten für meine Wohnung leisten kann? Vielleicht weil es so bequem ist, zu Hause zu lesen, im Internet alles nachzuschlagen, es mir an Zeit fehlt?

Feine Hotels haben eigene Bibliotheken, ich halte das für den eigentlichen Luxus, mehr noch als die Wellnesstage. Die *crème de la crème* hat erkannt, dass neben dem Speisesaal eine veritable Bibliothek das Herz einer Herberge ist.

Ich weiß nicht, ob die Bibliotheken dieses rasante technische Zeitalter der Neuen Medien überleben werden. Sie sind ähnlich anachronistisch wie das Theater, vielleicht mag ich sie deshalb so. Es kostet nicht einmal Eintritt, in ihrer Stille und Geborgenheit zu lesen und zu lernen. Es ist hier keine Frage des Geldes, ob Ibsen einen grundlegend verändert.

Manchmal denke ich, irgendwann werden es die Leute satt haben, alleine zu Hause vor ihren Computern zu sitzen. Sie werden in die Bibliotheken stürmen, um endlich wieder unter Menschen zu sein.

Vielleicht.

In Stuttgart ist es schon so, allerdings aus einem anderen Grund: In der hypermodernen, ästhetisch genialen, neuen Stadtbibliothek gibt es auf der zweiten Etage kostenlosen Internetzugang. Flüchtlinge aller Herren Länder kontaktieren von hier die Daheimgebliebenen. Wie ein Bienenschwarm bei der Arbeit hört man sie mit ihren Lieben flüstern.

Auf meinen Lesereisen ist eine Bibliothek der schönste Ort für eine Veranstaltung.

Dann stelle ich mir vor, wie nach meiner Lesung das Licht gelöscht, die Stühle hochgestellt werden, Elizabeth von Arnim und Philip Roth aus dem Regal springen und sich kichernd über den Abend auslassen. Tucholsky mokiert sich über den Zustand der Gesellschaft, süffisant und geistreich wie eh und je. Kerr widerspricht ihm rigoros und lakonisch. Kafka plant einen Mord, und Herr Mann hat das Regal mit homoerotischer Literatur für sich entdeckt. Sie improvisieren Liebesgeschichten und Dramen, entwerfen eine neue, eine bessere Welt, bis sie im frühen Morgengrauen erschöpft auf die ihnen zugewiesenen alphabetischen Plätze zurückkehren.

Meine papierenen Helden!

In einem Kinderfilm, den ich vor Jahren auf dem Hamburger Filmfest gesehen habe, versteckten sich zwei Freundinnen in einer Bibliothek. Die eine war Schwedin, die andere sollte ausgewiesen werden. Nicht die Schule, nicht die Kirche, nicht mal ihr Zuhause, nein, die Bibliothek schien ihnen der sicherste Ort! Ich kann das sehr gut verstehen.

Die andere Seite der Medaille

Sehr geehrte Frau Altaras,
ich hoffe, Sie haben einen erholsamen Jahreswechsel ver-
bracht. Ich sende Ihnen beiliegend Einladung und Programm
unserer ersten Veranstaltung zur Saisoneröffnung unseres
Debattierclubs. Wir würden Sie gern dabeihaben. Thema
der Veranstaltung ist aus aktuellem Anlass die Situation im
Nahen Osten und der Flüchtlinge, und wir sind sicher, dass
Sie als eine der profiliertesten Migrantinnen Gewichtiges
beizutragen hätten.

Motiviert durch die Dringlichkeit der Situation haben wir
uns entschlossen, drei Gastredner aus dem Sammellager
Moabit einzuladen. Das sind:

1. *Bassem Kourni. Der Chirurg aus Aleppo hat sich nach der*
   Zerstörung seines Klinikums durch Bomben und dem Tod
   vieler Kollegen und Freunde schweren Herzens zur Flucht
   mit der gesamten Familie entschlossen.

2. *Nesrin Moussy, Studentin der Biologie aus Kandahar/*
   Afghanistan. Sie ist mit ihren Eltern und zwei Schwestern
   fünfzehn Monate auf der Flucht gewesen, nachdem zwei
   Brüder von den Taliban ermordet worden waren.

3. *Ali Ben Abdul, Informatiker, Palästinenser. Er geriet*
im Grenzgebiet zwischen Libanon und Palästina in einen
Schusswechsel, wurde schwer verletzt und ist nun hier in
chirurgischer und schmerztherapeutischer Behandlung.

Wir wollen im gemeinsamen Gespräch etwas über ihre Hei-
mat, über ihr Leben, über ihre Flucht erfahren. Wir wol-
len wissen, welche Erwartungen und Hoffnungen sie hier
in Deutschland haben. Wir freuen uns auf Sie!
Der Abend wird mit einem Spendenaufruf und der Sub-
skription für Clubmitglieder enden.

Im Anhang finde ich die Liste der Gastredner aus den
vorherigen Jahren. Die Erstliga quer durch alle Bereiche.
   Schön, denke ich. Politik, Kultur und Wirtschaft reagieren unmittelbar auf das Tagesgeschehen. Ich will so-
eben zusagen, als mir der Begriff *Grenzgebiet zwischen*
Libanon und Palästina merkwürdig aufstößt.
   Ich bin ein erklärter Feind Netanjahus und in Erd-
kunde nicht immer absolut firm – aber wo genau soll sich
diese Grenze befinden?

Also antworte ich höflich:

Ich komme sehr gerne und finde es eine absolut richtige Idee,
den Flüchtlingen in einem derart profilierten Rahmen das
Wort zu überlassen. Allerdings scheint mir die Formulierung
»Grenzgebiet zwischen Libanon und Palästina« verwir-
rend, nein, sogar schwierig, sie verneint nämlich die Exis-
tenz des Staates Israel. Egal, wie man zum Nahostkonflikt

steht oder zur Politik Israels, die Existenz des Staates Israel
soll doch auf Ihrer Veranstaltung nicht infrage gestellt wer-
den, oder?

Ihnen ein herzliches Toi, Toi, Toi zur Saisoneröffnung etc.

Keine halbe Stunde später erreicht mich die Antwort:

Holla, liebe Frau Altaras, da haben Sie mich aber eiskalt
erwischt: Geografie war nie meine Stärke, mir war nicht
klar, dass man da so penibel unterscheiden muss. Ich habe
zudem nur wörtlich wiedergegeben, was mir der junge Mann
berichtete. – In diesem Zusammenhang erwähnenswert ist
vielleicht auch, dass Bassem Kourni (der Chirurg) im Vor-
gespräch bemerkte, alles sei möglich, der Holocaust habe
vielleicht nie stattgefunden, sondern könne ebensogut eine
Erfindung der israelischen Regierung aus PR-Gründen sein.
Ich habe ihm in aller Deutlichkeit klarmachen können, dass
dem nicht so ist, und dass wir Deutschen eine besondere Ver-
bindung und Verantwortung den Staat Israel betreffend ha-
ben – ohne natürlich alles zu befürworten, was die israe-
lische Regierung unternimmt oder unterlässt.

Sehen Sie, wie sehr Sie auf einer solchen Veranstaltung
vonnöten sind?

Mit freundlichen Grüßen und nochmals Dank für Ihre Auf-
klärung etc.

Ich lese die Mail, und mir ist flau. Sehe mich schon bei
dieser erlesenen Abendgesellschaft die Existenz des Holocaust verteidigen.

Also schreibe ich:

Sehr geehrte Veranstalter,
ich bitte um Verständnis, dass ich nicht teilnehmen kann.
Das sind Diskussionen, auf die ich mich nicht einlassen
möchte und bei denen ich nicht einmal Zeuge sein will.
   Mit freundlichem Gruß etc. pp

Und wieder kaum eine Viertelstunde später die Antwort:

Liebe Frau Altaras,
Sie nehmen das in meinen Augen zu persönlich. Das ist eine
Auseinandersetzung, der wir uns nun einmal stellen müssen,
wenn auf unserem Territorium derart unterschiedliche Kul-
turen aufeinanderprallen. Gerade Sie als Jüdin und Migran-
tin wären da meiner Ansicht nach gefragt und geeignet, Posi-
tion zu beziehen. – Der junge syrische Chirurg ist übrigens
polyglott und hochgebildet. Er spricht ruhig und sachlich
und wirkt absolut unbeeinflusst durch verengte religiöse oder
ideologische Sichtweisen. Er sieht eben auch die andere Seite
der Medaille.

Wie bitte? Ich verschlucke mich am Tee, spucke die
Hälfte auf die Tastatur. Ich schnappe nach Luft. Nein,
das alles ist keine Einbildung oder Fiktion. Ich starre auf
den Bildschirm; es steht da wirklich.
   Würde man über einen deutschen Holocaustleugner
auch sagen, er sei *hochgebildet und absolut unbeeinflusst?*
Na ja, halb so wild, ich soll es ja nicht persönlich nehmen. Und diese Formulierung: *die andere Seite der Me-*

daille. Welche andere Seite und von welcher Medaille überhaupt?

Nach einer Stunde hat sich mein Puls so weit beruhigt, dass mir ein Gespräch mit einem meiner früheren Intendanten einfällt.

Wir waren uns einig darüber, dass die Flüchtlinge Zuflucht finden müssen. Auch dass der Rechtsruck in der Politik inakzeptabel ist. Wir waren d'accord, dass man darauf achten sollte, dass der Antisemitismus in Mitteleuropa nicht weitere Verstärkung bekommt.

Beim Verabschieden hielt er meine Hand einen Moment zu lang fest, um mir mit leichtem Mundgeruch zuzuraunen, Israel müsse sich in der Siedlungspolitik endlich bewegen. »*Eure* Jüdischen Gemeinden halten sich vornehm zurück, was Israel angeht, dabei ist deren Politik absolut nicht hinnehmbar. Verstehst du mich?! Mit Antisemitismus hat das nichts zu tun!«, dann ließ er endlich meine Hand los.

Es ist eine Falle, denke ich, zu glauben, dass der Antisemitismus vom Tisch wäre, betriebe Israel eine andere Siedlungspolitik. Die Israelpolitik ist für den Antisemiten nur ein Vehikel, von denen es unendlich viele zur Auswahl gibt.

Die andere Seite der Medaille. Diese Formulierung, selbst wenn sie bloß gedankenlos dahergesagt war, lässt mich nicht los. Sie hat eine perfide Kraft, eine fast obszöne Anziehung. Der Holocaust als Medaille mit zwei Seiten?

Ich sehe bisher nur die eine: Der Holocaust hat stattgefunden, Millionen von Juden sind umgebracht worden, Täter waren nationalsozialistische Deutsche und deren Verbündete. Und die andere Seite? Soll das bedeuten, dass die Juden durch ihr Verhalten irgendeine Art von Mitschuld tragen, die sie leugnen? Oder dass sie aus dem Holocaust hätten lernen müssen, um sich jetzt den Palästinensern gegenüber anders zu verhalten? Würde dann der syrische Chirurg an die Shoah glauben? Wohl kaum. Ich finde die Siedlungspolitik eine Katastrophe, aber das gibt niemandem die Erlaubnis, den Holocaust zu leugnen, und ich weigere mich, Auschwitz als ein Ausbildungslager für besseres Benehmen zu sehen.

Der Holocaust ist keine Medaille, sondern eine Kugel. Von welcher Seite auch immer man schaut, es bleibt die Vernichtung eines Volkes. Von den vielen anderen Ermordeten ganz zu schweigen.

Ich denke, mein Ex-Intendant könnte doch bei der Saisoneröffnung den Flüchtlingen erklären, was der Holocaust war, und mit ihnen debattieren, und mache mir einen neuen Tee. Ich gebe ihm nämlich absolut recht: Es geht nicht um Antisemitismus, das ist Antisemitismus.

Meeresoase

Ich bin sehr froh, dass es in meiner Nähe ein Fischgeschäft gibt. Das ist in Berlin nicht selbstverständlich. Das Meer ist zu weit weg, viele Berliner rümpfen die Nase, entwickeln keine wirkliche Sympathie für Meerestiere, stehen höchstens auf Aquaristik – ungenießbare Fischchen, die fröhlich vor sich hinschwimmen. Ja natürlich, die Kette Nordsee kennt auch der Berliner, da allerdings ist der Fisch bis zur Unkenntlichkeit paniert und geht als Bulette durch.

Es gibt natürlich »Rogacki«, eine Institution unter den Lebensmittelläden, der Porsche unter den Gourmets, Fisch, Geflügel, Wild, ein Muss für alle Charlottenburger, nein, für alle Westberliner. In Tempelhof, dem angrenzenden Bezirk zu Schöneberg, wo ich seit ein paar Jahren wohne, heißt der Schuster »Schuhpflege des Westens« und der Fischhandel »Meeresoase«.

Mein persönlicher Fischhändler ist Türke und Kommunist. Das weiß ich, weil ich mich gern lange im Laden aufhalte, wir plaudern, die Fischtheke ist gewaltig, es ist immer ein bisschen wie in den Ferien. Doraden, Brassen, Saiblinge und Dorsche, Nordsee- und Mittelmeerfische gleichberechtigt auf Eis hinter Glas. Es gibt sogar echte

Tintenfische, riesige Tentakel, die im schwarzen Sud liegen. Langusten neben ihren günstigeren Verwandten, den Krabben, und eine Unmenge an Sardinen, *mare nostrum*, gleich wird Alexis Sorbas auferstehen, singen, und wir alle werden Sirtaki tanzen, denke ich.

Zum Fisch bekomme ich meistens ungefragt ein Kochrezept, also diese oder jene ideale Zubereitung des Meerestieres, erprobt von einer Tante Evin aus Anatolien. Und ich bekomme eine politische Grundausbildung in Sachen Türkei. Mein türkischer Fischhändler ist nämlich gar kein Türke, sondern Kurde, so geht es schon mal los. Er spricht sowohl Türkisch als auch Kurdisch, mit mir Gott sei Dank Deutsch.

Ich weiß viel zu wenig über die Türkei, bin umso neugieriger. Wir diskutieren die durchaus kontroverse Figur Mustafa Kemal Atatürk. Er setzte zwar das Sultanat und das Kalifat, also die Religionsherrschaft, ab, die Allmacht des Militärs damals wie heute ist aber auch ihm zu verdanken, obwohl schon längst ein pluralistisches Parteiensystem existiert. Ich höre aufmerksam zu, während meine Sardinen gewogen werden. Ich wollte eine Handvoll, aber das versteht mein südländischer Familienvater nicht: Kochen für zwei, drei Personen? Ich habe jetzt drei Kilogramm Sardinen, genug für die restliche Woche.

Wir lassen uns über Recep Tayyip Erdoğan aus, ehemals Vorsitzender der muslimisch-konservativen Partei, jetzt Präsident der Türkei. Der Mann, der in einem Palast wohnt, die Oppositionellen einsperren lässt, die Justiz entmachtet und von dem Putsch gegen ihn und seine Partei am meisten profitiert. Mich erinnern seine Machenschaften verblüffend an Adolf. Ist er bei ihm zur Lehre gegangen?

Mein Fischhändler, Nuri, ein schlanker Mann mit Wollmütze, Brille und Bart, kann sich nicht genug über diesen konservativen Politiker echauffieren, er ist sich sicher, dass dieser aus seinem demokratischen Land einen islamischen Staat machen wird. »Ehe wir uns versehen, wird es dort zugehen wie in Iran!« Ich glaube ihm das sofort.

»Wenn man die Sardinen in Maismehl wälzt, werden sie so, wie sie sein müssen, anders nicht«, erfahre ich nebenbei. Ohne Ei, versteht sich. Kaufe dazu noch eine Zwei-Kilogramm-Packung Mehl, kleinere gibt es hier nicht.

»Die Türkei war nicht immer so«, macht Nuri weiter, während er meine Fische in die BZ einschlägt. »Und der Koran ist schuld.« Ich drehe mich vorsichtig um, ob uns jemand hört, dem das nicht passt. Aber wir sind alleine. Die IS-Miliz kauft montags früh keinen Fisch.

Ich dachte bisher, der Koran würde falsch ausgelegt, missverstanden, sozusagen. Ein Buch der Liebe, von machtgierigen konservativen Männern für ihre Zwecke missbraucht. Kennt man von anderen Religionen und ihren orthodoxen Gelehrten.

Nuri schmunzelt, fast unmerklich, als er mir den Fisch rüberreicht. »Mohammed war ein brutaler Religionsgelehrter. Andersgläubige hat er gerne köpfen lassen. Alles, was jetzt passiert, steht so im Koran. Es lohnt sich, das Werk zu lesen«, gibt er mir zum Abschied mit auf den Weg.

Ich weiß nicht, ob Nuri, mein persönlicher Sachbearbeiter in Sachen »Fisch«, die Lage so schwarzsieht, weil er als Kurde den türkischen Staat von seiner Schattenseite kennengelernt hat oder weil er als Kommunist Erdoğan mit seiner Doppelmoral durchschaut und verachtet oder weil er einfach hinter der Fischtheke viel Zeit hat, zu lesen. Ich hoffe inständig, er hat nicht recht, aber sicher bin ich mir nicht.

Dafür fällt mir ein alter Witz ein: Moishe verkauft Fische. »Eineinhalb Dinar der Fischkopf mit Gehirn, ist gut fürs eigene Gehirn, ein Dinar der ganze Fisch!«

Kommt ein Nazi vorbei, denkt, Fischkopf mit Gehirn, ist gut fürs eigene Gehirn, na dann kaufe ich gleich fünf! Zahlt, geht, kommt nach einer Stunde wieder: »Wenn ich den ganzen Fisch gekauft hätte, hätte ich den ganzen Fisch gehabt und den Fischkopf mit Gehirn!«

»Sehen Sie«, sagt Moishe, »es hat schon gewirkt!«

Bei »Rogacki« habe ich damals auch stets guten Fisch bekommen, aber die Gespräche drehten sich um das Hundeverbot im Schlosspark Charlottenburg oder den Spielplan der Deutschen Oper.

In Tempelhof weht selbst beim Fischverkauf sozialistischer Wind. Ich werde alle meine Sardinen mit Köpfen essen, vielleicht hilft es mir, die deprimierende politische Lage nicht nur in der Türkei besser zu analysieren und zu verkraften, sogar zu verstehen.

Zum Muttertag

Dass man bereuen kann, Kinder bekommen zu haben – auf die Idee bin ich noch gar nicht gekommen.

Dabei habe ich schon so ziemlich alles bereut, und damit meine ich nicht die unzähligen falschen Schuhkäufe. Die Osterferien in Ampflwang? Der *one-night-stand* in Brighton?

Das große Latinum habe ich verbucht unter »Dinge, die zwar irgendwie sinnvoll sind, aber unnötig zeitraubend« – Zahnprophylaxe gehört ebenfalls dazu.

Ich bin wahrscheinlich einfach sentimental. Ich wollte schon immer Kinder, auch wenn ich mich heute Morgen nicht genau erinnern kann, warum. Der Erste kam gesund und munter zur Welt. Der Himmel auf Erden. Der Zweite brachte mein gut getimetes Leben einer berufstätigen Mutter ins Trudeln. Auf der Probe schlief ich ein, und die Kinder kamen erst gegen neun Uhr dreißig in die Schule, weil man nach der Vorstellung ja wohl noch mal was trinken gehen darf … Und was spricht eigentlich gegen neun Uhr dreißig? Ich wäre sowieso für gleitende Schulanfangszeiten, aber das ist ein anderes Thema.

Da ich aber ein Glückspilz bin, habe ich einen Mann, den ich als Mutter einspannen kann. Und so kam der eine durchs Abitur, der andere ins Gymnasium, und irgendwie schafften wir es auch, die Miete zu bezahlen. Und jetzt lese ich, dass man das Kinderkriegen auch bereuen kann. Das tut man natürlich nicht, aber was für ein interessanter Gedanke: Was wäre gewesen, wenn ich meine Söhne nicht bekommen hätte, die süßen Kleinen?

Ich wäre nicht nur die gepflegteste Mittfünfzigerin im Umkreis, denn das Bad stände mir ohne die lästige Konkurrenz pubertierender Jugendlicher jederzeit zur Verfügung. Ich hätte auch das nötige Geld für jegliche Pflege: Wellness, Spa, Fitness, all das, was sonst in Musikschule, Nachhilfe und Sportverein wandert. Aber vor allem wäre ich, und das habe ich eigentlich schon immer geahnt, Präsidentin, egal wovon. Mein Zeitmanagement würde mir jede erdenkliche Kandidatur, egal in welcher Sparte, erlauben. Denn weder stillen noch kitafreie Brückentage noch Scharlach könnten mich aufhalten, Außenministerin, VW-Managerin, Nobelpreisträgerin, ja: Bundeskanzlerin zu werden.

Ich wäre ausgeschlafen, brillant, scharfsinnig und immer reisefreudig.

Mit Kindern kommt man zu nichts, und es muss zumindest einer in der Familie zeitweilig zu Hause bleiben und die Stullen schmieren. Ein Viertel der Männer bleibt zu Hause, meist aber nur für kurze Zeit, sagt die Statistik. Meiner gehört dazu, sogar für länger. Er liebt seine Söhne, könnte sich noch drei weitere vorstellen, und ein Leben ohne Kinder könnte er sich auch sehr gut vorstellen. Er ist eben sehr fantasievoll. Oder sehr flexibel. Dann würde er all das zu Ende komponieren, worin er unterbrochen wurde, um Lateinvokabeln abzufragen.

Sich zu verwirklichen, ist nicht alles. Darin sind sich die Kirchenväter, die Rabbinerkonferenz und der Rat der Muslime einig. Na klar, Jungs, ihr seid lustig. In der Zeit, wo ihr Karriere gemacht habt, habe ich den Kinderwagen zur S-Bahn raufgetragen, weil der Aufzug mal wieder kaputt war. Habe sämtliche Jobs gemacht, die neben der Kindererziehung möglich waren, denn die Jungs brauchten dummerweise Winterschuhe. Dass Karriere und Kinder nur mit ordentlich Taschengeld und Zusatzpersonal zu vereinbaren sind, ist keine ganz neue Erkenntnis. Unsere gute Frau von der Leyen zeigt, wie so etwas läuft, Kinder, Kirche und Karriere. Dabei schlank wie eine Ranke und charmant wie … wie … – ja, da fällt mir dann nichts mehr ein. Mit ihr möchte ich vielleicht doch nicht tauschen. Und nicht etwa, weil ich Sturmgewehre nicht mag, sondern weil sie nicht gerade wirkt, als würde ihr das Leben allzu große Freude bereiten.

Was aber ist der Kern des »Kinder-Bereuens«? Ist es vielleicht der Perfektionismus? Der Anspruch an sich selbst, die Mutterrolle mit *summa cum laude* zu erfüllen?

Ich war keine ideale Mutter, das sprach sich auf dem Spielplatz schnell herum. Ich machte zwar alles brav mit, U9, Spendenlauf, Kuchenbacken fürs Schulfest, musikalische Früherziehung – aber halbherzig, nicht wirklich bei der Sache. Und noch schlimmer: ich war im Theater oder beim Drehen glücklicher als auf dem Spielplatz, spielte alle anderen Rollen lieber als die Mutterrolle. Als Katholikin würde ich dafür im Fegefeuer landen, und die Kinder in Therapie.

Es dauerte einige Jahre, bis ich bemerkte, dass es nicht nur meinem Mann ähnlich ging, sondern dass auch meine Freundinnen nicht »Germany's Next Top-Muttis« waren. Wir waren suboptimal, aber mit Ansprüchen an uns selbst, die uns zu ersticken drohten. Ich habe den Verdacht, dass es den neuen Muttis, den »bereuenden Mamas«, ähnlich geht. Sie leiden an einer Überdosis Perfektionismus. Und an Glücksansprüchen. Weil man eine Wahl treffen kann, könnte es auch die falsche gewesen sein. Schicksal war früher. Heute gilt Selbstbestimmung, Planung, knallharte Organisation.

»Lasst locker, Mädels, macht euch überflüssig anstatt unverzichtbar in der Familie!«, möchte ich ihnen zurufen, aus der altklugen Distanz der Erfahrung, »alles nur halb so gut, ist immer noch Spitze!« Die Kinder schwänzen die Schule, weil alle Erziehungsberechtigten verschlafen haben? Sie tragen die Kleider der Nachbarskinder auf? Leider müssen die Kleinen eine Woche während der Schulzeit zur Oma, oder zu den Nachbarn, weil beide Eltern arbeiten? Na und? Tut allen gut.

Ich habe nicht die ganze Welt bereist, habe keinen Außenministerposten und auch keine Rücklagen. Dumm gelaufen. Alles zu wollen, Kinder und Beruf und Reisen und Vergnügen? Unbedingt! Ist mehr als erlaubt. Nicht alles zu schaffen? Naheliegend. Aber deshalb zu bereuen, ist schlichtweg feige.

Wahrscheinlich würde ich's im nächsten Leben wieder genauso machen. Ich lerne einfach nicht dazu.

Fernweh

Ich habe beschlossen, das Leben fortan gelassener zu nehmen, mit der Wirklichkeit zu hadern, ist zwecklos, mein Kampf mit dem Schicksal vergebens, der Gegner (Gott?) behält am Ende recht. Es hat keinen Sinn, sich zu echauffieren, das ist auch mir klar geworden. Den Anstoß zu dieser nahezu buddhistischen Haltung haben meine letzten Arbeitsreisen gegeben, und ich bin glücklich, endlich so weit zu sein. Bisher war ich jemand, der ausgesprochen gerne gereist ist, Fernweh ist eines meiner Grundgefühle neben Eifersucht und Hunger. In tropische Gegenden fliegen, über den Amazonas rudern, eskortiert von Krokodilen mit besonders gesunden Zähnen. Herrlich. Oder auf dem Bauch in der Wüste liegen, beschützt vom Stammeshäuptling, und den wilden Tieren beim Abendessen zusehen. Oder in einem Trappistenkloster schweigen und Gemüse anbauen.

Allerdings bin ich in letzter Zeit etwas ernüchtert, Arbeitsreisen haben es in sich. Mein Fernweh hat sich an der Wirklichkeit eine dicke Delle geholt. Ich erinnere mich, früher gab es Wartesäle aus Holz, die der ersten Klasse sogar gepolstert. Die Bahnhöfe, in denen ich jetzt im Morgengrauen auf meinen Zug warte, haben keinen

Wartesaal mehr, nicht einmal Bänke aus Holz, warten scheint nicht vorgesehen. Aber die Züge haben siebzig oder neunzig Minuten Verspätung. Es zieht so, dass man die Nierenbeckenentzündung in aller Ruhe persönlich begrüßen kann, während sie einem die Beine hochkriecht. Das Passagieraufkommen ist ums Dreifache gestiegen. Wenn endlich der Zug eintrudelt, schubsen sich Reisende in feinstem Garn ohne Bedenken zu Boden. Ein Platz im Speisewagen ist der Hauptgewinn. Männer, dem Aussehen nach Bösewichte aus dem neuen *James Bond*, und die dazugehörigen Bondgirls beschimpfen die armen Mitarbeiter der DB, die ihr Bestes geben. Ich weiß nicht, was eine Kellnerin bei der Deutschen Bahn so verdient, viel kann es nicht sein, für die Hasstiraden der Reisenden müsste es auf jeden Fall eine Gefahrenzulage geben.

Die Kaffeemaschine kaputt, der Salat nicht geliefert, die warmen Speisen, von einem Sternekoch zubereitet oder zumindest konzipiert, sehen aus wie Astronautennahrung. Alles beige, auch der Geschmack. Ich muss arbeiten, aber um mich herum wird ohne Hemmung telefoniert, weil die Sekretärin am Heimatort eine blöde Kuh ist und nichts auf die Reihe bekommt und der Spezi gefälligst den Rabatt für den Wagen klarmachen soll.

Ich schäme mich. Für mein Land, für meine Mitreisenden, die schlechte Erziehung, für meine Ungeduld. Aggressive Stimmung macht sich breit, eine echte Schlechtwetterfront. Es ist abwechselnd eiskalt, dann wieder bullig warm, weil sich die Klimaanlage nicht regulieren lässt.

Dieselben Reisenden, die ich morgens im Speisewagen sehe, treffe ich auf dem Nachhauseweg wieder. Wir legen dreihundert, vierhundert Kilometer auf einer Strecke zurück, das ist unser Alltag. Tausend Kilometer am Tag, lese ich in der Bahnzeitschrift, seien nicht ungewöhnlich, das machten die Japaner schon seit Jahren. Flexibilität, Mobilität heiße das. Moderne Zeiten, Nomadentum mit vorläufiger Sesshaftigkeit. Die Japaner würden trotzdem steinalt, kein Grund zu Besorgnis.

Auf den kleinen Umsteigebahnhöfen sehe ich all die Flüchtlinge, die die Großstadt Berlin umsichtig und ordnungspolitisch in der Peripherie geparkt hat. Jungs in Dreiergruppen teilen sich eine Zigarette, schauen den Zügen zu, warten. Manchmal steigt eine Familie ein, sie haben kaum Gepäck, sind auf dem Weg nach Wismar und Pritzwalk, ich hoffe, man wird sie dort willkommen heißen. Sie starren uns gestresste Arbeitsreisende genauso müde an wie wir sie.

Nach einer Arbeitsreise dieser Art bin ich tagelang unbrauchbar. In meinem Kopf verpasste Anschlüsse an ICEs, ICs und Regionalbahnen in Frankfurt, Mannheim, Karlsruhe. Privatbahnen dürfen nicht auf die Züge der DB warten, da sie bei Unpünktlichkeit die finanzielle Zuwendung der DB für diese Fahrt verlieren. Paradox, aber wahr. *Thank you for travelling with Deutsche Bahn.*

Mein Fernweh beginnt, zu einer Fernphobie zu mutieren. Letzte Woche musste ich zu einem Arbeitstreffen nach Italien. Das ist nicht ungewöhnlich, es sind tausendvierhundert Kilometer, den ersten Teil der Reise per

Flugzeug, dann per Zug, mehrfach umsteigen, zwei Tage arbeiten, einmal gut essen, dann wieder heimwärts.

An den Bahnhöfen kaum Italiener, dafür große Gruppen marokkanischer oder algerischer Jungs, die den Zügen zuschauen, sich eine Zigarette teilen, warten. In den Doppeldeckerzügen sitzen oben nur Schwarze, unten vereinzelte Italiener. Habe ich etwas verpasst? Ist das Zufall? Vorschrift? Apartheid?

Am Bahnhof in Bologna muss ich umsteigen. Mir stockt der Atem. Diesen Bahnhof habe ich seit 1980 nicht mehr betreten. Eine gläserne Gedenktafel erinnert an die Opfer des Attentats in ebendiesem Jahr. Kein alter Jugendstilwartesaal mehr, keine Bar »Gelati Motta« mehr daneben mit vorzüglichem Mittagstisch und famosem Cappuccino, stattdessen ein hypermoderner Anbau für Schnellzüge, er ist dreigeschossig und unter Tage. Auf jedem Absatz stehen Polizisten mit Waffen, sie schauen lange in meine Tasche und sehr kurz in mein Gesicht. Zwischen den Gleisen gibt es eine kleine Bar, unter Heizstrahlern kann man Espresso zu sich nehmen. Es sind asiatische Touristen hier unten und ein paar wenige gehetzte Italiener. So sieht mein Europa nach den Attentaten aus, schon allein deshalb hasse ich Terroristen. Ein dürrer Mann fragt mich in fließendem Italienisch, ob er meine Zeitung haben kann, ich sehe ihn sie sofort weiterverkaufen.

Ich steige in den falschen Zug, lande in Menton statt in Siena. In unseren europäischen Nachbarländern dasselbe: Polizeikontrollen auf jedem Gleis, Patrouillen in den Zügen, Beschlagnahmung verdächtiger Koffer auf Bahnsteigen. Dazwischen blasse Passagiere, die auf ihre Mobil-

telefone starren. Totenstille. Hier werden in Zukunft keine Zugromane à la Tolstoi mehr entstehen, sicher nicht.
Keine Passagiere, die Zeit haben, sich gegenseitig ihr
Herz auszuschütten, die Dramen ihres Lebens zu erzählen. Die Tragödien werden weiter stattfinden, aber in
stummer technokratischer Einsamkeit.

Gestern in der Regionalbahn bei Elmshorn, die wegen
eines heftigen Frühlingsgewitters feststeckte, Bäume lagen auf den Schienen und waren in die Oberleitung
gestürzt, irgendwelche Deiche drohten zu brechen, kurzum: das würde dauern, habe ich mich an eine Frau in
Südafrika erinnert. Sie ging jeden Morgen vier Stunden
zu Fuß, erzählte sie mir, um im Kiosk am Kap der Guten
Hoffnung Süßes und Postkarten zu verkaufen. Ein guter
Job. Das sei nichts Ungewöhnliches, so lange würden
viele laufen, oft noch länger, auf dem Rückweg würde sie
gleich Wasser holen für zu Hause. Es war eine junge
Frau, mit wenigen Zähnen und einem großen Lächeln.
Sie nahm die Sache gelassen, stoisch, fatalistisch, und das
werde ich ab jetzt auch tun. Es wäre ja gelacht, wenn ich
hier in der Regionalbahn nicht auch jemanden finden
würde, der mir gerne sein Leben erzählt.

Weimar

»Land der Dichter und Denker, Land der Richter und Henker«, ist das diesjährige Motto der Klassenfahrt meines Sohnes Sammy, er ist in der 10a, und Weimar soll das Ziel der Reise sein. Weimar steht, vermute ich, für die Dichter, Buchenwald für den Rest. Nun hat sich herausgestellt, dass er fehlen wird, weil er für vier Monate ins Ausland geht. Ich als beflissene jüdische Mutter erkläre: »Alles darfst du verpassen, MSA, Bundesjugendspiele, Klassenarbeiten, aber nicht die Gedenkstättenfahrt!«

Letzten Sonntag sind wir also los, Familienausflug. Nachts habe ich kein Auge zugetan, dabei habe ich in jahrelangen Sitzungen bei Frau Dr. Luise gelernt, dass nicht ich im Lager war, sondern alle anderen, das bringe ich aber immer noch durcheinander.

Sammy schläft auf der Stelle ein, sobald sich der Zug in Bewegung gesetzt hat, sein Kopf liegt auf dem ICE-Speisewagentisch, direkt neben dem Gourmetfrühstück. Mein Mann Georg liest Nietzsche und hört dabei Brahms, und ich versuche, mich mit der Wochenendausgabe der SZ auf andere Gedanken zu bringen. In dieser Woche sind drei mir bekannte Künstler gestorben, und mein Freund Raffi hat ein Interview gegeben, in dem er alle

Deutschen als Nazis beschimpft mit Ausnahme seines türkischen Obsthändlers. Er ist inzwischen total meschugge und merkt es nicht mal mehr. Ich lege die Zeitung zur Seite. Halle an der Saale soll auch hübsch sein oder zumindest gewesen sein, wir könnten schon hier aussteigen und den Rest vergessen.

Vor drei Jahren waren Georg und ich schon einmal in Buchenwald. Man hatte mich gebeten, die Rede zum 9. November im Landtag zu halten. Ich hatte mir gedacht, zur Einstimmung wäre der Besuch der Gedenkstätte sinnvoll. In der Ausstellung, die in ihrer Schrecklichkeit ganz großartig war, lief hinten, kurz vor dem Ausgang, ein Video mit Aussagen von Inhaftierten. Ich setzte mich hin, um besser zuhören zu können. Der Mann, der erzählte, dass er Lagerfriseur gewesen sei, kam mir bekannt vor. Wenn die Transporte ankamen aus Auschwitz, aus Wien oder sonst woher, musste er durcharbeiten, bis alle Männer geschoren waren. Zehn, fünfzehn, zwanzig Stunden lang. Der Mann, Rolf, war ein Cousin meiner Mutter, ich erkannte ihn wieder, ich hatte nicht gewusst, dass er in Buchenwald gewesen war. Ich hatte das Bedürfnis, mich sofort hinzulegen und lange, lange zu schlafen.

Habe ich eine sadistische Ader?, frage ich mich beim Umsteigen in Erfurt. Muss Sammy unbedingt die gleichen Erfahrungen machen? Andererseits ist es unsere Geschichte, die Geschichte Europas – ob er will oder nicht, er gehört dazu.

Umsteigebahnhof Erfurt. Erfurt spielt in der dritten Liga, aber das hält die Fans nicht davon ab, schon am Bahnsteig Siegeslieder anzustimmen. Sie sind auf jeden Fall besserer Laune als ich.

Es ist ein wunderschöner Maitag, an dem man alles machen könnte, notfalls auch in ein KZ gehen. Es kostet keinen Eintritt, das Lager zu besuchen. Ich bin dankbar, das erspart mir bissig-blöde Bemerkungen. Dafür steht »Jedem das Seine« am Lagertor, gusseisern, nur von innen zu lesen. Sammy ist schockiert, fragt mich, wer verantwortlich war für diesen perfiden Spruch, die Reise hat sich schon gelohnt.

Die eigentliche Ausstellung ist wegen Renovierung geschlossen, ich bin verärgert, aber nur kurz, ein ehemaliger Pionier, der beim Bau des Mahnmals 1954 dabei war, nimmt sich unserer an. Er sagt: »Wissen Sie, wer Mengele war? So einen hatten wir hier auch …«

Eine Stunde dauert seine Führung, ja klar, sehr ostig, aber erfrischend unsentimental. Er ist immer noch Pionier, denke ich. Die Frühlingssonne scheint auf das Krematorium. Sammy fragt, was der Lagerälteste im Unterschied zum Kapo machen musste, wie viele ermordet wurden und wieso immer Deutschland mit den Kriegen beginnt.

»Hast du gesehen, wie dünn die Ärmchen der Inhaftierten waren, am 11. April, als die Alliierten sie fotografierten? Die gestapelten Toten, nackt, wie gerupfte Hühner. Und daneben die SS immer noch grinsend. Es ist unvorstellbar, Mama, egal wie lange wir auf dem Appellplatz stehen oder Fotos anschauen.«

Ich kann ihm nur recht geben.

Nur einmal in der Stunde fährt der Bus von Buchenwald nach Weimar, wir versuchen es mit Trampen, aber keiner traut uns. Vielleicht müsste ich einen gelben Stern tragen, um mitgenommen zu werden. Das meine ich: diese blöden Witze fallen mir häufig ein, Sammy meint, viel zu oft.

Weimar hat sich herausgeputzt. Die kleinen Gassen, die herrlichen Fassaden, *Eisdiele Venezia, Gelati Roma.* Alle tun so, als hätten sie Goethe und Schiller gelesen und dabei Liszt geträllert. Ich gönne niemandem, dass er überhaupt lebt, wenn nur zehn Kilometer vom Goethehaus entfernt gefoltert, gemordet wurde. Ich möchte zumindest, dass alle Trauer tragen, dass keiner in der Sonne »latte matschato« trinkt! Man konnte vom Schillerhaus aus wahrscheinlich den Rauch der Krematorien sehen! Na, noch Zucker in den Kaffee?

Der Landschaftspark an der Ilm ist wunderschön, ich beruhige mich ein wenig, wir sprechen über die Weimarer Republik und über den Dreißigjährigen Krieg, so als Abwechslung.

Sammy sagt: »Ich habe verstanden, wir können fahren.« Wir kaufen uns ein Eis und eine Thüringer Rostbratwurst, dann ist uns allen dreien gleichermaßen schlecht.

Erfurt hat gegen den VfL Osnabrück 3:0 gewonnen. Eine Hundertschaft bewacht das abgesperrte Gleis, bis die Verlierer mit dem Sonderzug davongefahren sind. Es riecht nach Destille und Pferdestall. Nein, ich habe keine

Panik vor so viel Polizeipräsenz, ich bin ja auch aus dem KZ wieder raus, nicht wahr?

Abends, in der sicheren Altbauwohnung in Schöneberg, schauen wir »Nackt unter Wölfen«. Das Lager, die Häftlinge, die SS, ein Kind, das gerettet werden soll, die nahenden Alliierten. Buchenwald eben.

Solche Ausflüge hält man nicht jedes Wochenende aus, aber Sammy kann jetzt ans andere Ende der Welt, er hat die Dichter und Denker, die Richter und Henker ein bisschen genauer kennengelernt. Das kann nicht schaden, auch nicht in Neuseeland.

Sommer

Meine Liebe,

in Berlin ist es sehr, sehr heiß, kein Lufthauch, nirgends. Träge schleppt sich der Verkehr. Eine sedierte Stadt hat auch was für sich.

Auf den Balkonen welke Blumen und Bewohner. Erinnerst Du Dich, wie der Landwehrkanal dann müffelt? Den Touristen scheint es nichts auszumachen, die Stadt ist zum Bersten voll. Berlin ist immer schön, »olliface butifull«, sagt die Japanerin, die sich mit mir fotografieren lässt.

Im Westend gab es im Flüchtlingsheim heftige Differenzen. Roma hatten sich mehrfach Kleider austeilen lassen, die sie zwei Straßen weiter an Syrer vertickten.

Dein Lieblingsbad ist in einem elendigen Zustand. Am Boden des Beckens schwimmen Haarbüschel, in den Toiletten riecht es nach Zoo, und der Charme dieser altmodischen Badeanstalten geht schlichtweg im Dreck baden. Was rätst Du mir? Erst wieder Steuern zu zahlen, wenn mein Beitrag direkt in die Freibäder fließt, ohne vorher als Diät von irgendeinem dieser frei in Berlin herumlaufenden Minister geschluckt zu werden?

Habe Ärger mit dem Finanzamt, vielleicht sollte ich auch auswandern.

Aber mal Tacheles: Ich habe so viele Briefe an Dich ge-
schrieben wie in meinem ganzen Leben nicht. Habe Dich mit
dem Wetter und der europäischen Küche gelockt, aber Du
kehrst Europa nur vehementer den Rücken. Was gibt es dort,
was es hier nicht gibt?

Du arbeitest rund um die Uhr, alles ist schrecklich teuer,
die Menschen sind laut und nervös, und von Jahreszeiten
keine Spur. Ich wusste nicht, dass Du so masochistisch bist.
Oder sind wirklich alle witziger dort?

Das Finanzamt und ich

Meine Sachbearbeiterin im Finanzamt heißt Frau Kestenholz. Sie möchte aber Chatenois genannt werden, sie stamme aus dem Elsass, fügt sie nicht ohne Stolz ungefragt hinzu. (Mir fehlt das berühmte »Accent circonflexe« auf der germanischen Tastatur, man muss es sich jetzt halt vorstellen.) Ich hätte auf Marzahn getippt oder Lichterfelde-Ost, so kann Kleidung täuschen und zu Vorurteilen führen.

Madame Chatenois trägt ein altrosa Kleid mit violetten Seidenstrumpfhosen, ihre Haare sind rötlich, Ton in Ton, an einem goldenen Kettchen hängt die Lesebrille. Auf ihrem Sachbearbeiterinnenschreibtisch mit dunkelgrüner Schreibunterlage steht ein Fotorahmen mit Kinderfotos, ich hoffe die Enkelkinder, sage aber nichts – spät, sehr spät Gebärende sind im Trend.

Sieben Katzenpostkarten zieren die Pinnwand. Niedliche Tierchen in lustigen Posen mit und ohne Milchschnäuzchen. Ich habe eine Katzenallergie, weshalb ich nicht auf die kleinen Miezen zu sprechen komme. Sage aber höflich, dass auch mir Lady Di gefällt, also gefiel. Vor dem Foto der Prinzessin hat meine Finanzfachfrau ein kleines Dauerlicht aufgestellt.

Frau Kestenholz ist nicht zum Lächeln aufgelegt. Es ist 8 Uhr 45, auch mir ist nicht nach Lachen zumute, ich habe einen Erscheinungstermin, was so viel heißt wie, dass alles, was meine Steuerberaterin und ich in den letzten Wochen geschrieben, gemailt und geschickt haben, für die Tonne war, jetzt hilft nur noch das gesprochene Wort.

Draußen sind schon jetzt vierundzwanzig Grad, ich klebe auf dem Plastikstuhl fest, denn im Finanzamt wird durchgeheizt, egal, welche Jahreszeit draußen herrscht. Vielleicht gibt es gar kein Draußen mehr für echte Sachbearbeiterinnen? Meine Steuerberaterin schwitzt ebenfalls, hat dazu noch nervöse rote Flecken, und mich beschleicht das unangenehme Gefühl, dass wir hier nicht unbedingt als Sieger vom Platze gehen werden.

Frau Kestenholz-Chatenois möchte eine fette Nachzahlung, weil ihr nicht einleuchtet, warum ich Opern- und Theaterkarten von der Steuer absetzen will. DVDs von *Arthouse*-Filmen, Bücher über Brecht und von Shakespeare sind Kosten der privaten Lebensführung ihrer fiskalischen Sichtweise nach. Kino- und Museumsbesuche können auch als gemischte Aufwendungen nicht nach § 12 Nr. 1 EStG berücksichtigt werden.

Ich könnte kotzen. Was ich nicht tue. Ich sage, ausgesprochen freundlich, dass es befremdlich sei, wie wenig offenbar über die Kaste der selbstständigen Künstler bekannt sei. Regisseure zum Beispiel sollten die Stücke, die sie inszenieren, vorher lesen, das täte der Aufführung von Brecht und Shakespeare richtig gut.

Die Katzenliebhaberin schweigt, ich fahre sanft fort. Der Begriff der privaten Lebensführung sei sehr interessant, wenngleich etwas unscharf, denn so ganz privat sei meine Lebensführung dann doch nicht. In vollbesetzten Opern oder Theateraufführungen zu sitzen, sei Teil des Berufes. Sänger hören, die man vielleicht besetzen möchte, die Arbeit von Bühnen- und Kostümbildner/innen nicht nur rasch im Netz, sondern leibhaftig *in natura* anzuschauen, erfordere der Respekt vor ihrer Arbeit und sei Ehrensache.

Meine Steuerberaterin, Frau Wischnewski, legt listig und plötzlich irgendwie siegesgewiss lächelnd meine Vita auf den Tisch. Madame schlürft ungerührt ihren Morgenkaffee.

Doppelter Haushalt, sei das richtig? Ja, stammele ich, leider. Ich habe selten Engagements in Berlin, meistens im Rest der Republik, Österreich, Schweiz ...

Wieso ich dann einen Arbeitsraum in Berlin bräuchte, wenn ich so wenig zu Hause sei und abends immer im Kino und Theater?

Ich schlucke. Wenn diese Frau aus dem Elsass ist, bin ich Schwedin.

Und da wäre von Mehraufwand die Rede? Wofür genau?

Na ja, erkläre ich, wir Künstler befinden uns wie Beduinen auf einer Art Dauerreise, von Theater zu Oper, von Drehtag zu Lesung. Ohne jemals auch nur annähernd von Spesen- und Reisekostenzuwendungen wie z. B. die der Politiker profitieren zu können. Warum das so sei, so ungerecht, wisse ich nicht, aber vielleicht könne sie mir das ja mal erklären, jetzt, wo wir schon so nett beisammensäßen.

Meine Steuerberaterin drückt unter dem Tisch an meinem Knie herum, ob ich Kaffee holen wolle, fragt sie mich. Kaffee? Wieso Kaffee?

Wir schweigen alle drei, aus dem kleinen braunen Finanzamtlautsprecher tönt klassische Musik, Bizets *Habanera* zum Mitsummen.

Ich bin ganz ruhig und entspannt, freundlich und zurückgenommen. Ich bin eine anständige und pünktliche Steuerzahlerin, was man ja beileibe nicht von jedem behaupten kann – und wenn ich brav bin, kommt mein Foto vielleicht an die Pinnwand zwischen all die anderen süßen kleinen Samtpfötchen.

Bizets *Carmen* habe ich auch schon inszeniert. »L'amour est un oiseau rebelle« summe ich formvollendet, die Theater müssen auf unsere Honorare übrigens keine Umsatzsteuer zahlen, auch wenn wir sie wiederum ans Finanzamt abführen müssen, wussten Sie das, geschätzte Frau Chatenois-Kestenholz? Warum ist das so? Ist das denn rechtens? Ach, ich hätte unendlich viele Fragen.

Sie murmelt etwas, aber jetzt läuft *Lohengrin,* und Elsa von Brabant schmettert im Klassikradio, was das Zeug hält. Das erinnert mich schlagartig daran, dass ich mir Ohrstöpsel, vom Akustiker angefertigt, besorgen muss, sonst bin ich bald taub, wenn ich auf den Proben sitze und das Orchester ungefiltert auf mich einspielt. Dass ich diese überlebenswichtigen Stöpsel von der Steuer absetzen kann, halte ich, je weiter diese Sitzung fortschreitet, für immer unwahrscheinlicher. »Wozu brauchen Sie

Stöpsel, wenn Sie Musik hören wollen?« Dabei kommen die bei Straussens *Elektra* auf hundertfünfunddreißig Dezibel da unten im Graben. Das sind mehr als zwei Presslufthammer. Ob das die Marquise de Chatenois wohl weiß?

Tschuldigung? Ich habe Ihre Frage nicht verstanden. – Krankheitskosten? Ob die Therapie oder Supervision, die ich in Anspruch nehme, krankheitsbedingt sei?

Es ist gar nicht Wagners *Lohengrin*, es sind die Katzen, die laut maunzen. »Und Minz und Maunz, die Katzen, erheben ihre Tatzen …«

Meine liebe Steuerberaterin, Frau Wischnewski, hat die Augen geschlossen, sie wirkt, als würde sie beten. Zu wem nur, frage ich mich. Gott ist überall, aber sicher nicht im Finanzamt Berlin-Mitte.

Wie bitte? Aufwendungen zur Wiederherstellung der Gesundheit können nur betrieblich oder beruflich veranlasst werden, wenn es sich um eine typische Berufskrankheit handelt?

Berufskrankheit. Mein Puls schlägt doppelt. Was weiß denn die? »Wenn ihr uns stecht, bluten wir nicht …?«, würde ihr Shylock aus dem *Kaufmann von Venedig* antworten, ich aber kichere, mittlerweile finde ich meine Elsässerin sogar ein wenig witzig. »Können Sie mir bitte genau sagen, wo die Berufskrankheit beginnt und die private Krankheit aufhört – oder umgekehrt? Bei Alkoholproblemen in der Kantine oder doch erst beim Selbstmord nach Drehschluss?« Habe ich das jetzt gesagt, oder war es der süße schwarze Kater, der dritte von rechts?

Nein, es ist meine Stimme, sie tönt über den Wetterbericht hinweg, Lady Di lächelt diskret. Vier Jahre Sprecherziehung in der Schauspielschule haben eben doch Spuren hinterlassen.

Berufskrankheit. »Ich kann die Grenze schwer ausmachen, aber ich könnte Ihnen eine amtliche Namensliste von Kollegen vorsetzen, sehr geehrtes Fräulein. Ausgesprochen begabte dabei. Leider, leider berufsunfähig oder tot. Supervision oder Therapie? Was auch immer, sie hätten davon profitiert, aber sie haben es nicht in Anspruch genommen. Nicht, weil sie fürchteten, es könnte berufsschädigend sein, sondern vielmehr, weil sie es sich schlichtweg nicht leisten konnten. Auch wäre es von der Steuer nicht absetzbar gewesen, richtig? Da sind sie stillschweigend von der Bildfläche verschwunden und haben dem Finanzamt keine Sorgen mehr bereitet.

So wie ich. Wissen Sie was? Ich möchte nur ungern zum Finanzgericht gehen. Aber ich würde es tun, und wenn es auch ein Präzedenzfall werden sollte. Es ist an der Zeit, dass wir selbstständigen Künstler uns zu Wort melden. Wir zahlen Steuern wie jeder Unternehmer, haben aber nicht die Möglichkeit, in dem großen Maße abzuschreiben wie diese. Dafür keine Zusatzleistungen, kein Arbeitgeberanteil, kein dreizehntes Monatsgehalt. Nur Honorare, von denen die Umsatzsteuer abgeht. Die Quote derjenigen, die an oder unter der Armutsgrenze leben, ist in den letzten Jahren erheblich gestiegen. Ich bin mir nicht sicher, ob Ihnen das bekannt ist, ma chère. Aber dafür sind wir frei, so frei, vogelfrei, im freien Fall ... «

Ja, ich bin so frei, dass ich jetzt einen schönen Termin beim Finanzgericht mache und zum ersten Mal in meinem Leben klage. Klagemauer ausgenommen.

Zwei der Katzenbilder sind von der Pinnwand auf den lindgrünen Linoleumboden gesegelt. Meine tapfere Steuerberaterin wischt sich verstohlen eine Träne weg. Ich habe es verkackt, denkt sie.

Ich denke gar nichts mehr, und Frau Kestenholz-Chatenois ist nun sichtlich überfordert und wie verwandelt. Auch sie singt jetzt: Die angeforderten Unterlagen seien innerhalb von vier Wochen einzureichen.

Sie hat nichts verstanden, denke ich. Hake meine Steuerberaterin unter, greife rasch über den Tisch und stelle endlich das Radio leiser.

Das grüne Leuchten

Das grüne Leuchten ist ein Film von Éric Rohmer – ich habe ihn sechzehn Mal gesehen. Es gab Zeiten, da lud ich sogar zum Essen ein, um meinen Freunden nach der Pasta den Film zeigen zu können. Aber die meisten mochten ihn nicht, trotz der vorzüglichen Nudelgerichte gab es nur Unverständnis für meine Begeisterung.

Das grüne Leuchten erzählt die Geschichte einer jungen Frau in Paris, die einen Tag vor den großen Sommerferien von der Freundin, mit der sie verreisen möchte, hängen gelassen wird und nicht mehr weiß, wie sie den Sommer verbringen soll. Alle verlassen Paris, also fährt auch sie zu Freunden aufs Land, geht alleine wandern, mit einer drallen Blondine ans Meer. Aber nirgends kommt sie wirklich an. Bis sie am Ende ... aber man verrät ja keine Filmenden, ich kann nur empfehlen, diesen Film selbst zu sehen, ich würde ihn auch glatt noch mal mitschauen.

Ferien. Ein Zustand zwischen Wachen und Schlafen. Zwischen Leben und Tod. Ambivalent, da für eine bestimmte Zeit ohne feste Ziele, voller möglicher Überraschungen und gespickt mit Ängsten genau davor. Ach, ich hätte Philosophin werden sollen!

Und die großen Ferien damals? Für ein Internatskind wie mich waren sie das Aufregendste überhaupt. Da musste alles passieren, was im Laufe des Jahres nicht passiert war. Also Freiheit, Liebe, Abenteuer. Das klappte jedoch eher selten, weil es am Gardasee regnete oder sich die Eltern stritten – aber wenn es klappte: das Paradies!

Der Kuss von dem jungen Kellner auf Elba, die Kofferradio-Disco am Strand inklusive der Seeigelstacheln in den Fußsohlen.

»Heute sagt man nicht mehr Disco!«, klären mich meine Kinder großspurig auf, was aber nichts daran ändert: In wenigen Tagen beginnen die großen Ferien und ich bin nervös!

Das Meer? Die Berge? Zur Sommerpause aufs Land? Tauchen für die Abenteurerin in mir? Städtereisen für die Bildung?

Und die Kinder? Werden sie überhaupt mit den alten Eltern reisen wollen? Und wenn ja, wie viele Freunde muss man mitnehmen, damit man sich in den Wochen, die einen erwarten, nicht gegenseitig erschlägt? Brauchen sie Ruhe nach den Mühen der Schule und der Universität oder eher Sport, Spiel, Spannung als bitter nötige Abwechslung? Aber eigentlich – habe ich gelesen – ist Langeweile das Wichtigste für den Nachwuchs. Kosten darf es auch nicht viel, denn die Steuer kassiert ausgerechnet immer kurz vor der Sommerpause. Und eigentlich sind vier oder sechs Wochen für Eltern sowieso undenkbar, man muss zwischendurch arbeiten, sonst gibt's nie wieder Ferien bis zum Jüngsten Tag.

Delphine, so heißt die junge Frau aus *Das grüne Leuchten*, bleibt einsam zwischen den ausgelassenen Touristen, spröde und verschlossen, sie kann sich nicht anpassen. Im Bikini fühlt sie sich nackt, in den Bergen ist ihr kalt, und bei den Bekannten auf dem Land mag sie das Essen nicht. Sie versteift sich darauf, den Salat nicht essen zu können – »Der Salat ist mein Freund!« –, dann reist sie auch von dort ab. Die Gastgeber wirken erleichtert. Kein Mensch will, dass Delphine ihre Freunde isst.

Arme Delphine!

Nun gut: Sie ist kapriziös, aber im Grunde sind die großen Ferien für jeden eine Zumutung. Eine programmierte Überforderung. Es ist völlig unmöglich, alles richtig zu machen, weder im Film noch im Leben. Natürlich sind das Luxussorgen der Extraklasse. Der Flüchtling, der gerade mal so Lampedusa oder Kos erreicht, macht sich wenig Gedanken darüber, ob die Stadtverwaltung genug Papierkörbe am Strand aufgestellt hat. Also Schluss jetzt mit dem Überangebot für prätentiöse Eltern und Kinder.

Mein Freund Marco wohnt in Ventimiglia, für ihn ist die Ferienplanung dieses Jahr ganz einfach, er arbeitet im Flüchtlingsauffanglager, jeder Freiwillige wird gebraucht.

»… Habt ihr die Erscheinung bemerkt, die beim letzten Sonnenstrahl entsteht, wenn der Himmel ohne Nebel und vollkommen klar ist? Achtet darauf, dass es kein roter Strahl ist, sondern ein grüner Strahl, wunderschön grün … Gibt es ein Grün im Paradies, dann kann es kein anderes als dieses Grün sein, das wahre Grün der Hoffnung.«

So schreibt es Jules Verne im »Grünen Leuchten«. Dieses zarte, hoffnungsvolle Grün, bevor es Abend wird, sucht Delphine in Rohmers Film, dann wird alles gut, so hofft sie. Und seien wir ehrlich: Wer sucht ihn nicht, diesen perfekten Moment, und nicht nur in den großen Ferien? Zufall, Natur, der Gang der Dinge, Glück. Die Wahrheit ist: Glück ist nicht buchbar, auch wenn TUI so tut, als ob.

Nun stehe ich allabendlich auf meinem Berliner Balkon und schaue der Sonne, so sie da ist, beim Untergehen zu. Warte auf das grüne Leuchten. Wer weiß, vielleicht sehe ich es ja, Ferien hin oder her.

Unikate

»Wer bist du?«, fragte man mich in der Schule. Ich konnte nicht richtig antworten, auch nicht, als ich schon besser Deutsch als Italienisch sprach. »Wer bin ich?«, fragte ich mich tagelang und kam zu keiner überzeugenden Antwort. Aber wer kann diese Frage schon eindeutig beantworten? »Ich bin eine Unikate«, murmelte ich, ohne auch nur im Geringsten zu wissen, was ich da eigentlich sagte. »Sono unica«, hatte ich wohl sagen wollen. Ein Unikat. Ein Einzelstück, etwas, das es nur einmal gibt – einmal als Original, alle weiteren Exemplare sind Kopien oder Fälschungen. Mamma mia, schon damals hatte ich Selbstbewusstsein für zwei!

Gleichzeitig war ich ein unruhiges, nervöses Wesen, am glücklichsten beim Theaterspielen. An allem schrecklich interessiert, eine vorbeifliegende Mücke bekam meine ungeteilte Aufmerksamkeit, was manche Lehrer nicht mochten. Sie setzten mich neben die phlegmatischsten Kinder der Klasse, in der Hoffnung, ich würde etwas Ruhe finden. Wenn diese Methode nicht griff, wurde ich neben die wildesten Jungs gesetzt, nach dem Motto: Gleiches mit Gleichem heilen. Nichts half nachhaltig, ich wollte die ganze Welt erobern, sofort und vollkommen und gleichzeitig.

Unter mir wohnt ein kleiner Junge. »Er ist ein Zappelphilipp«, entschuldigen sich die gestressten Eltern, wenn Anton wieder das Treppengeländer runterrutscht. Ich finde Anton cool, früher hätte ich mich das auch getraut. Anton hat Mühe in der Schule. Konzentration ist für ihn unsagbar anstrengend, denn er muss sich ja auf alles parallel konzentrieren.

Seine Mutter sitzt an unserem Küchentisch, weint. Sie ist am Ende, erschöpft. Man hat bei dem Jungen ADHS diagnostiziert, und bei wem Hyperaktivität diagnostiziert wird, der hat einen Makel, der nicht so schnell zu beseitigen ist. Sie wird aufgefordert, Anton Ritalin zu geben oder eine andere Schule für ihn zu finden. Denn auch in der Schule sind sie mit den Nerven am Ende. Sie ist sichtlich erschüttert, ich kann es nachfühlen. Ritalin. Eine Verlockung. Endlich einen Moment Ruhe für alle. Für die Mutter, den Sohn, die Lehrer. Ich weiß nicht, was ich ihr raten soll, was weiß man von den Folgen dieses Medikaments? Wird er in einigen Jahren ohne sie überhaupt noch ein Buch lesen können? Wird er auf andere Drogen umsteigen, auf hartes, womöglich tödliches Zeug? Andererseits verspricht Ritalin Ruhe und Konzentration und damit das Glück, akzeptiert zu sein, einen Moment lang nicht aus der Norm, aus der Reihe zu fallen.

Während seine Mutter spricht, malt Anton in einer Ecke wilde Bilder. Gut, er malt über den Rand, der Fußboden hat schon bunte Streifen, dabei summt er fröhlich vor sich hin, ich finde ihn alles andere als unkonzentriert.

Was ist das, dieses ADHS? Eine Krankheit der Moderne? Oder gab es sie schon immer?

Sind die Kinder, vor allen Dingen die Jungs, heute zappeliger? Oder ist es genau umgekehrt? Die Umgebung, in der Kinder aufwachsen, ist unruhiger, voller Reize und Möglichkeiten, vielleicht können sie darauf nur mit Nervosität reagieren? Tragen die Medien eine Mitschuld mit ihrer Dauerberieselung, Dauerbelastung? Macht die ununterbrochene Verfügbarkeit von Technik die Kinder nervös und krank? Und wieso erwischt es die Jungs häufiger? Was machen die Mädchen? Sind sie braver? Vielleicht. Sie werden Spezialistinnen für Sekundärtugenden, reagieren dafür mit allerlei Essstörungen. Die überforderten Eltern geben die Erziehungspflicht auf oder an die Lehrer weiter. Die durch die verkürzten Schuljahre selbst schon stark unter Druck stehen. Wie können Kinder da anders als überreagieren?

Anton passt nicht ins Schema, steht auf dem psychologischen Gutachten. Ich würde gerne die Schulpsychologin verklagen, aber ich halte den Mund, Anja ist hier die Mutter, erinnere ich mich noch rechtzeitig.

Solche Kinder sind – na klar – uneffektiv. Erfolg, Ergebnisse in möglichst kurzer Zeit, das ist es, was zählt. Ich sage: Der Mensch ist nicht so. Der Mensch ist eigen, zu langsam oder zu schnell, zu groß oder zu versponnen. Er ist eben ein Mensch und lässt sich nicht quantifizieren. Es bleibt immer ein unerfasster Rest. Das passt zwar nicht in unsere Zeit und der Psychotante auch nicht, aber wenn wir ehrlich sind, bestens zum Menschen allgemein. Und zu originellen Menschen erst recht! Denn wie verlaufen die spannendsten Biografien?

Einstein hatte kein Abitur. Mozart, ein infantiles Genie, komponierte seiner Zeit so voraus, dass er fast verhungert wäre. Und Pavarotti konnte keine Noten lesen. Die Liste ist endlos. Sie alle haben verschiedene Ursprünge, unterschiedliche Bedingungen, aber sie haben etwas gemeinsam:

Sie waren Persönlichkeiten, deren Begabungen, Träume, Visionen sich nicht beherrschen ließen von den Regeln und Forderungen der Zeit, der Gesellschaft, der Rentabilität. Ich rede wie meine Waldorflehrer an ihren schlimmsten Tagen. Anja lächelt müde und verabschiedet sich. Ich war keine große Hilfe.

Auf unserem Hoffest läuft Balkan-Beat, Anton dreht sich im Kreis wie ein Sufi und erfindet Reime. Er macht das über eine Stunde lang, immer fällt ihm ein neuer Text ein; solange die Musik spielt, hört er nicht auf, er scheint nicht im Geringsten müde zu sein.

Ich setze mich in seine Nähe, höre ihm zu. Er erzählt eine Geschichte über einen möglichen Freitod. Er berichtet von Nöten und davon, wie es im Innern eines Menschen aussieht, der immer das Falsche macht, allen auf die Nerven geht. Jeder Satz ist tottraurig, aber reimt sich.

Ich bin elektrisiert. Der Junge ist begabt, und das nicht zu knapp. Er dichtet, reimt, hört auf die Musik und dreht sich dabei. Er geht an seine Grenzen und rührt mich zutiefst. Auch andere Nachbarn haben sich dazugestellt, fasziniert von Antons Fantasie, die nicht zu versiegen scheint. Seine Texte haben Poesie und Witz, wir klatschen, und Anton ist stolz. Er stört nicht, im Gegenteil, plötzlich wird er gelobt, bewundert. Wenn er zu lange Luft holt, schreien wir: »Hör nicht auf, weiter, weiter, Anton!«

Anton kommt mich besuchen. Wir machen wilde Sachen und haben beide Spaß daran. Man hätte bei mir sicher auch ADHS festgestellt, wenn es das damals schon gegeben hätte. Wir malen mit verbundenen Augen, wir erfinden Lieder bei einem Fahrradrennen, wir dichten Rap-Songs, müssen aber dabei Seilhüpfen. Immer ist Musik dabei, sie bündelt uns, ist formgebend, wir denken nicht nach. Antons Schwäche ist auch seine Stärke, und vor allem der Ursprung seiner Kreativität.

Anton bekommt nun Ritalin. Apathisch sitzt er bei mir am Küchentisch, ein Häuflein Elend, hat zu nichts Lust. Um dann wieder ununterbrochen mit den Beinen und Armen zu rudern. Er hat in der Schule zwei Tage durchgeredet, das sei doch nicht normal. Was er sagte, reimte sich zudem noch, der Lehrer erlitt einen Nervenzusammenbruch. Armer Lehrer. Armer Anton.

Antons Energie ist mit dem Schulalltag nicht kompatibel. Bleibt zu hoffen, dass er die Schulzeit irgendwie übersteht, um dann im Kunstbetrieb zu landen. Dort hat er echte Chancen. Picasso, Schlingensief, Prince und wie sie alle heißen, würden ihn stolz unter ihre Fittiche nehmen, wenn sie noch könnten, sie erkennen ihresgleichen.

Die Bluse

Ich habe eine wunderschöne Bluse. Sie ist bestickt, rot auf weißem Leinen. Vielleicht verwundert es, dass ich so eine bestickte Bluse trage, Folklore ist sonst nicht meine Art. Diese Bluse ist aber mehr als eine Bluse, sie ist meine Fernsehbluse. Freie Selbstkontrolle, Prädikat äußerst wertvoll. Sie ist serbo-kroatisch, also aus Jugoslawien, jetzt Kroatien, und ich wünschte, meine Eltern hätten sie dort gelassen. Denn obwohl sie wirklich ausnehmend schön ist, hat sich mein Gefühl zu ihr verändert. Vielleicht habe ich sie einfach ein bisschen zu oft getragen. Ich habe in ihr ungefähr zweiundfünfzig deutsche Fernsehproduktionen gedreht. Als da wären: *Tatort*, *Polizeiruf 110*, *Ein Fall für zwei*, *Die Kommissarin*, *Soko Leipzig*, *Notruf Hafenkante* und noch vieles, vieles mehr. Ich war Türkin, Griechin, Russin, Sizilianerin, habe den kompletten Balkan abgedeckt, inklusive Mazedonien. Erst war ich die Tochter, dann die Schwester, schließlich die Mutter der Diebe, Einbrecher, Mörder. Was Ausländer in deutschen Filmen halt so sind. Meinen Durchbruch hatte ich als Putzfrau. Ich habe für Bruno Ganz geputzt, für Wolfgang Stumph, ja sogar für Oliver Pocher – um nur einige zu nennen.

Seit ein paar Jahren bin ich aufgestiegen, in himmlische Höhen sozusagen. Mittlerweile bin ich für den arabischen Terrorismus zuständig. Ich sprenge wahlweise mich oder andere oder mich mit anderen in die Luft, alles auf Deutsch mit Akzent, oder gleich auf Arabisch. Kann die ersten Verse der dritten Sure auswendig, man weiß ja nie, ob man sie bei einem Treffen mit Allah noch gebrauchen kann. Unter dem Tschador trage ich häufig die Bluse aus Kroatien wegen der *continuity*, der inneren Kontinuität als Fremde.

Nun weiß ja jeder, dass nicht alle Menschen mit Migrationshintergrund – also solche, die eine bestickte Bluse haben – auch gleich Verbrecher sind. Wie gesagt: nicht alle, aber leider, leider doch eine Menge, also eine sehr große Menge, das kann man ja jeden Tag im Fernsehen sehen. Sie sind allesamt Analphabeten, haben einen Döner- oder Gemüseladen, sowohl im Vorabendprogramm als auch zur Prime Time, und wenn sie Juden sind, dann sind sie reich und handeln mit Immobilien, die sie allerdings irgendwo geklaut haben.

Vor einem Jahr wurde ich auf einen Kongress eingeladen. Die Fragestellung lautete, warum sich die in Deutschland lebenden Ausländer, also die Türken, Griechen, Polen, wer eben alles so eine Schüssel auf dem Dach hat, kein deutsches Fernsehen mehr anschauen. Die Quoten seien katastrophal, das ginge langsam ins Geld, die Marktanteile seien gesunken. Es bestehe Handlungsbedarf! Die privaten Sender könnten in diesem Segment zwar höhere

Einschaltquoten verbuchen – aber der Migrant greife zunehmend auf seine Heimatsender zurück.

Meine Heimatsender wären demnach die italienischen RAI oder Canale 5. Nun kann ich nicht behaupten, dass ich von Berlusconis Sendern begeistert wäre. Das liegt unter anderem an den fehlenden Stoffen. Alle sind dauernd nackt, also zumindest die Frauen. Und bei unseren türkischen Mitbürgern und ihren Sendern gibt's wiederum zu viel Stoff für meinen Geschmack: viel verhängte Damen mit reichlich Musik. Auch Al Jazeera ist ziemlich gewöhnungsbedürftig.

Aber deshalb unsere öffentlich-rechtlichen Programme zu schauen – auf die Idee bin ich auch noch nicht gekommen. Warum? Ich sag's mal so: Meine Wirklichkeit kommt dort absolut nicht vor. Stattdessen Blondinen mit absurden Maßen. Coole, um nicht zu sagen, kalte Weiber, noch coolere Männer, eigentlich immer dieselben Nasen. Sie decken Morde oder Ehebruch in mondänen Wohnungen auf, fahren riesige Schlitten durch nächtliche Großstädte oder gehen bowlen. Und sollte mal eine Serie zufällig anders sein, läuft sie um Mitternacht auf einem der dritten Sender und wird möglichst schnell wieder abgesetzt. Einzige Ausnahme sind die Nachrichten, die sind kosmopolitisch.

Die Türken, die ich kenne, berlinern. Die Berliner Schneebeseitigung ist komplett in alevitischer Hand, die Perser führen die Apotheken und haben allesamt in der BRD studiert. Die Nachtschicht des Urban-Krankenhauses ist mit palästinensischen Ärzten besetzt, und deren Kinder gehen im Grunewald auf die Schule. Die neuen deutschen Kabarettisten heißen Bülent, Sedar, Murat und Meltem, also ich weiß nicht: meine Realität sieht komplett anders aus als das, was ich im Fernsehen sehe. Wie kann das sein? Die Realität oder das Fernsehen, einer von beiden liegt falsch. Ich tippe mal ganz doll auf die Realität.

Zurück zum Kongress, dort wussten sich die Verantwortlichen keinen Rat. Sie verteidigten ausgiebig ihre Sender, sie hätten doch wirklich alles in ihrer Macht Stehende getan, aber der Migrant wolle partout kein deutsches Fernsehen schauen. Obwohl es doch schon einen türkischen Kommissar gebe. Der sei zwar gerade eben abgesetzt worden, aber irgendwann würde man wieder einen finden. Ja, und eine junge Türkin ermittele jetzt im Ruhrgebiet. Eigentlich alles prima, war die Devise, Mittagessen!

Warum ich so früh an diesem herrlichen Sommermorgen aufgestanden war, hatte ich mich gefragt, um in einem fensterlosen Raum auf diesem Podium zu sitzen, wenn doch alles in Butter war. Aber egal, ich hatte auch Hunger.

Und dann machte der Moderator einen Fehler, als er ganz laut und in betont einfachem Deutsch fragte: »Oder wollen Sie auch etwas sagen? Sie haben doch auch einen Migrationshintergrund?«

Ich war schon aufgestanden und auf dem Weg in die Kantine, hatte mich jedoch im Mikrokabel verheddert. »Äh, Sie meinen mich?«, fragte ich schuldbewusst.

»Ja, Sie, natürlich!«, lächelte jetzt der Moderator, und alle kehrten zähneknirschend, magenknurrend zurück auf die Plätze. Hungernotstand wegen Migrantenbefragung.

»Na ja«, fing ich vorsichtig an, »was soll ich sagen, ich habe schon länger gar keinen Fernseher mehr, Tschuldigung ... Ich meine, mal ehrlich, es läuft ja auch kaum etwas, das mit mir zu tun hätte. Alles, was es zu sehen gibt, ist gleichförmig ungenau, unscharf wie durch eine falsche Brille. Und das betrifft bei Weitem nicht nur das Bild der Fremden in unserem Land. Die Formate werden ja angeblich an den sogenannten allgemeinen Geschmack angepasst. Was soll das denn sein? Allgemeiner Geschmack? Ich glaube, dass der allgemeine Geschmack längst tot ist, sukzessive niedergesendet! Arme, Dicke, Kranke werden schonungslos von gestylten Moderatoren vorgeführt. Wenn Migranten im Fernsehen auftauchen, sind sie fast ausschließlich Underdogs, und wenn ich als türkischer Jugendlicher nur Cem Özdemir im Fernsehen sehe, der es geschafft hat und den ich nachahmen kann und der, soweit ich informiert bin, kein Schauspieler ist, kann man nicht von allzu vielen positiven Leitbildern sprechen, die es nachzuahmen gilt.«

Jetzt gab es kein Zurück mehr für mich. Wenn man dreißig Jahre lang in einer bestickten Bluse im deutschen Fernsehen tätig war, darf man ruhig einmal ein bisschen die Sendezeit überziehen! Peinlicherweise seien in puncto Migrantenpräsenz die privaten Sender den öffentlichen einen Schritt voraus: hier hätten die Moderatoren und Nachrichtensprecher bereits die exotischsten, unaussprechlichsten Namen, seien Ausländer aller Farbschattierungen. Wahrscheinlich seien Akteure mit Migrationshintergrund einfach nur billiger? Aber wenn ansonsten die Qualität gegen null ginge, würde auch der dunkelhäutigste Sprecher nichts nutzen …

Etwas bremste mich in meinem Schwung: Es war still geworden im Saal. Eisig still, und sehr, sehr warm. Niemand lachte, ich selbst war mir nicht sicher, ob ich einen Witz hatte machen wollen.

Neben mir saß eine befreundete türkische Schauspielerin, sie hatte bisher nicht den Mund aufgemacht. Aus Wut? Ohnmacht? Oder war sie einfach nur eingeschlafen? Jetzt meldete sie sich zu Wort und übernahm meinen Staffelstab:

»Natürlich! *Türkisch für Anfänger* war prima. *Kriminaldauerdienst* war sogar sehr gut, wurde aber sicherheitshalber gegen ein Uhr nachts gesendet. Angst vor zu viel Qualität? Immer mal wieder fallen die Sender durch genau recherchierte Filme, Serien, Reportagen auf. Aber das sind nur kurze Lichtblicke. Kurz und selten. Als hätte der ganze Betrieb Angst, das Niveau zu heben. In Kreuzberg gibt es eine starke Szene an Autoren, Schauspielern, Regisseuren, die akzentfrei Deutsch und Türkisch können, die haben Geschichten auf Lager … aber gefragt werden sie nicht.«

Ich kann mich nicht mehr genau erinnern, wie der Kongress zu Ende ging. Im Publikum wurde gegrinst. Einige meldeten sich zu Wort, aber irgendwie hatten die Intendanten der Sender keine Zeit mehr, auf die Fragen zu antworten. Einer schrie, das sei schließlich unser aller Geld, das auf die dümmste Art und Weise missbraucht werde. Aber ich glaube, da waren die Intendanten und Redakteure schon beim Mittagessen.

Wir aßen auch, dann wurden wir wieder nach Berlin verfrachtet.

Neulich habe ich an zwei Abenden hintereinander sehr gute deutsche Filme auf einem öffentlich-rechtlichen Sender gesehen. Vielleicht bewegt sich doch etwas, ich halte die Luft an, um diesen Prozess auf keinen Fall zu stören. Ich überlege sogar, am Tag des Flüchtlings meine Bluse dem Bundestag oder dem Historischen Museum zu spenden, als Relikt aus alten Zeiten.

Das falsche Maß

»Du bist ja noch kleiner geworden!«, rief mir mein Kollege Peter letzte Woche bei einem Geburtstagsfest entgegen. Wir standen auf der Dachterrasse des Geburtstagskindes mit Blick auf den erleuchteten Funkturm, ein milder Sommerabend. Ich lächelte souverän: »Mein Lieber, schon mal von innerer Größe gehört?« Dann wechselte ich gekonnt das Thema, bis meine Freundin Andrea fragte: »Süße, was ist mit dir, du bist ja noch winziger als sonst?!«

Als der dritte Gast darauf zu sprechen kam, war es mit meiner guten Laune vorbei. Der Funkturm leuchtete inzwischen violett. Wenn es sich einer überhaupt nicht leisten kann, zu schrumpfen, dann bin das ich! Ich messe 158 Zentimeter, jedenfalls für das Einwohnermeldeamt in Gießen. Na gut, ich habe das Amt um zwei Zentimeter betrogen, demnach bleiben für mich immer noch gute 156 Zentimeter übrig. Und ich brauche wirklich jeden einzelnen! Soll doch Frau Heidi Klum welche von ihren abgeben. Oder Nowitzki, der ohnehin nur noch verliert, da hat er doch wohl ein paar mickrige Zentimeter übrig. Geschrumpft wird woanders, Punkt.

Früher habe ich Absätze getragen, Plateausohlen, zumindest bei offiziellen Anlässen. Das ersparte mir lästige Diskussionen wie:

»Waren Sie immer schon so klein?«

»Nein! Ich gehöre zur Gruppe jener Wagner'schen Untermenschen, den Zwergen, wissen Sie ...?«

Neulich saß ich in einem Zugabteil mit eben solchen kleinen Menschen, die, wie sie selbst sagten, zu einem Zwergen-Kongress fuhren. Kleinwüchsigkeit beginne bei unter 1 Meter 50, erklärten sie mir, ich sei zwar nett, aber zu ihnen gehören würde ich trotzdem nicht, ich sei definitiv zu groß. Der Kongress hätte mich nun wirklich interessiert. Sicher gäbe er auch Antworten auf Fragen wie: Was tun, wenn die Körpergröße unfreiwillig zum dominierenden Abendessen- und Lebensthema wird? Wenn du auf jeder Party, sei sie auch noch so cool, mit bestechenden Monologen zu tun hast wie: »Danny DeVito, der ist doch auch derartig klein, aber sooo süß und sooo begabt, Napoleon wiederum ist über sich hinausgewachsen, und Charlie Chaplin war ja eigentlich der Größte, Sizilien wird von Zwergen regiert, und der Chef der Camorra ist ein Liliputaner ...«

Beim Thema Größe ist mit mir schlecht zu spaßen, die Wunde ist alt und tief:

1 Meter 60 ist das Mindestmaß für die Lufthansa. Ich wollte schon immer Stewardess werden. *Coffee, tea or me?* war mein Lieblingsbuch. Meine Fantasie, was ich dort oben erleben würde, kannte keine Grenzen, kein Land, das ich nicht bereist hätte, ich wäre die Prinzessin der Lüfte geworden.

Liebes Himmel-Management, könnten Sie einmal eine Ausnahme machen, versuchte ich es, ich bin für Sie ein Hauptgewinn: multilingual, charmant, Abitur, geistreich, zudem DLRG-Rettungsschwimmerin, gottbehüte, aber man weiß ja nie, wo eine Landung hinführt. Ich bin so schlank, dass ich noch in drei Jahrzehnten durch den Mittelgang passen werde. Ich schwöre, nie einen Piloten zu ehelichen oder von einem Co-Piloten schwanger zu werden …

Überraschenderweise wurde ich zum Vorstellungstermin eingeladen, aber ein kurzer Test brachte die Wahrheit schnell ans Licht: Ich reichte nicht an das Gepäckfach. So weit ich mich auch streckte, ein Öffnen war nicht möglich, und die Grundvoraussetzung, also eigentlich die einzige Voraussetzung, um Flugbegleiterin zu werden, ist nun mal das souveräne, mühelose Öffnen und Schließen des Gepäckfachs.

Aus der Traum.

Ich war die Ballerina mit Bänderriss. Die Sopranistin mit Stimmbandknötchen. Ein Vogel mit gebrochenen Flügeln. Das war meine Lebenstragödie.

Es gab nur noch folgende Möglichkeiten, die Welt zu sehen: sich irgendeinen reichen Scheich zu angeln, um in seinem Privatjet alle Länder zu bereisen. Oder Möglichkeit Nummer zwei: auf einem Kreuzfahrtschiff anheuern. Von einem infrage kommenden Scheich hatte ich gehört, er habe leider kein Faible für Jüdinnen, und kleine dunkle Frauen habe er in seinem Serail eh *en masse*.

Blieb also nur die Seefahrt. Vor der Matrosenausbildung war mir allerdings etwas bang, ich bin nicht ganz meerestauglich und wasserfest, auf der letzten Überquerung des Ärmelkanals hatte ich mich die ganze Fahrt lang übergeben. Auf Kreuzfahrtschiffen allerdings habe man die Seekrankheit nicht mehr zu fürchten, versicherte man mir, man spüre das bewegte Meer nicht, die Schiffe seien derart groß, schwimmende Städte nahezu, alles, was auch nur annähernd mit Natur zu tun habe, sei verbannt, die See könne einem nichts mehr anhaben.

Ich war fest entschlossen, die Welt zu sehen, also nahm ich dafür einiges in Kauf. Das nagelneue weiße Passagierschiff sollte ab Weihnachten und über den Jahreswechsel hinaus von Kiel nach Oslo und dann zum Nordkap fahren. Die Nordlichter! Ich frohlockte. Und bewarb mich mit einem künstlerischen Programm. Es bestand aus einer Lesung, Liedern und Gesprächen mit Kapitän und Matrosen zum Thema Reisen und Schiffsverkehr. Und natürlich ein Nachmittag mit Weihnachtsliedern, Besinnliches mit Keksen. Ich wurde angeheuert, und meinem Traum stand nichts mehr im Wege.

Bei Bergen wurde die See kabbelig, und ab Trondheim brach ein Sturm los, der die gesamte Mannschaft über Nacht wach hielt. Am Morgen war der Kapitän tot, Herzversagen, es war seine letzte Reise vor der Pensionierung gewesen. Ein ausgesprochen feiner Mensch, ich hatte die zwei Abendessen bis Bergen an seinem Tisch sitzen dürfen.

Wir mussten an Bord bleiben, bis die Polizei kam, die Bestatter und die Angehörigen. Es war furchtbar. Ich verließ gemeinsam mit dem Sarg das Schiff, und mit dem Kapitän begrub ich bis auf Weiteres auch meine Weltreisepläne.

Ich bin dann aber doch noch ziemlich herumgekommen, nicht aufgrund meiner Körpergröße, nein, man muss es so sagen, eher meiner großen Klappe wegen.

Das Geburtstagsfest ist im vollen Gange, es hat zu donnern begonnen, ein heftiges Sommergewitter, Blitze rund um den Funkturm. Ich stehe in der Küche, schaue dem Naturspektakel zu, als Günther den Raum betritt, er ist eindrucksvolle, schlaksige 2 Meter 05, stößt überall mit dem Kopf an und hat »Rücken«. Als Bassist muss er sich immer ein wenig runterbeugen, seine Schultern sind krumm. Berufsbedingte Spätfolgen, wie bei Zahnärzten, alle krumm, alle haben sie mit heftigen Rückenbeschwerden zu kämpfen.

Jetzt höre ich, wie mein Kollege Peter ihn fragt: »Na, wie ist die Luft da oben?« Günther wird blass. Er ist ein begnadeter Musiker, was hier aber niemanden zu interessieren scheint. Wir schauen uns an, und ohne viel Aufhebens verlassen wir das Fest.

Das Schweizer Kreuz

Ich liebe die Schweiz. Die Berge, die Seen im Winter – und noch mehr im Sommer. Und meistens mag ich auch die Bewohner. Um ehrlich zu sein: Ich verstehe sie kaum, denn mein Schweizerdeutsch ist miserabel. Es ist ein bisschen wie in der Synagoge, alles ist schön erleuchtet, und man versteht kein Wort. Das hat durchaus Vorteile: weniger Streit, weniger Missverständnisse.

Früher habe ich meine Schweizer jüdischen Freunde beneidet um ihre schöne, intakte Heimat, in die sie, ginge auch die ganze Welt drumherum entzwei, jederzeit zurückkehren könnten.

Aber vor allem hatten sie, die aus Basel oder Zürich stammten, zwar auch meschuggene Eltern, waren aber selbst lange nicht so traumatisiert wie wir, die wir aus dem restlichen Europa kamen. Unsere Eltern hatten die absurdesten Überlebensgeschichten zu berichten, und wir, ihre Kinder, hatten ihre Traumata übernommen. Der Holocaust war um die Schweiz herumspaziert. Natürlich hatte der Krieg auch in der Schweiz seine Spuren hinterlassen, aber alles in allem schienen mir meine Freunde dort unversehrter.

Dany und Deborah, Etienne und Fabio machten große Augen, wenn ich ihnen auf dem Albulapass oder am Zürisee bei *Rivella* (rot, blau oder grün) von meinen Identitätskonflikten erzählte: Wie konnten meine Eltern nur in die BRD gehen? Was würde passieren, wenn ich einen deutschen Mann heiratete? War ich eine deutsche Jüdin? Oder eine jüdische Berlinerin?

Sie waren und sind vor allem Schweizer und dann – ja, auch Juden. Ob die anderen, die Nichtjuden, also die Goyim, das genauso sahen und sehen, ob sie nicht zuerst den Juden und dann den Schweizer in Dany und Deborah sehen, da bin ich mir nicht so sicher.

Im Unterengadin, meinem Schweizer Paradies, haben meine Söhne, kaum dass sie laufen konnten, Ski fahren gelernt, am 1. August die Nationalhymne mitgeschmettert, im Herbst Pilze gesucht. Wir haben der rätoromanischen Weihnachtsmesse gelauscht und gehofft, etwas zu verstehen. Im Unterengadin kann man mit vielen Italienisch sprechen, ohne in Italien zu sein. Eine Wucht! Mein Mann sang bereits im Kirchenchor mit und hatte eigens ein Stück für die Blaskapelle des Dorfes komponiert. Der Kleinste wollte nie mehr nach Hause, fast wäre er im hochalpinen Institut zur Schule gegangen. Fast. Denn seit Kurzem macht es die Schweiz auch deutschen Einwanderern nicht mehr so leicht, und die Deutschen beklagen sich ihrerseits über den zu starken Franken.

Aber »damals« gab es in Scuol ein heruntergekommenes Grandhotel, das von ein paar jüdischen Orthodoxen betrieben wurde. Wenn ich zufällig an den Hohen Feiertagen dort war, bat ich um religiöses Asyl, auch wenn ich alles andere als streng religiös bin, betete einen Abend mit, philosophierte ob der Güte Gottes und aß koscher.

Im Bergrestaurant gab ich am nächsten Mittag eine Runde aus: »Auf Rosch ha Shana, unser Neujahrsfest!« Reto, der im Sommer Bauer ist und Traktoren und Baumaschinen fährt, im Winter aber der besonnenste Skilehrer, mehrsprachig und immer einen Scherz auf den Lippen, stutzte, als er erfuhr, dass wir Juden sind. »So wie die, die mit Perücke und Schläfenlocken Schlitten fahren? So wie diejenigen, die in Basel einen ganzen Stadtteil absperren? So was seid ihr auch?«, sagte er, diesmal komplett humorfrei. »Wie kann man nur die Straßen absperren am Freitag, und alle müssen drumherum fahren? Ein Volk, das Straßen, ganze Viertel absperrt, kann nicht gut sein.«

Oha, dachte ich, Reto – da müssen wir noch mal ran. Aber Reto war nicht zu überzeugen.

Wir sind Juden, keine Orthodoxen wie gesagt, denn mein Faible für Orthodoxie jeder Art ist sehr begrenzt, aber ja, wir sind Juden. Fünfundzwanzig Jahre kennen wir uns schon, und jetzt, Reto, magst du uns plötzlich nicht mehr?

Natürlich, natürlich, Reto ist eine Ausnahme, und der Rest der Schweiz denkt nicht so, oder doch? In meiner Familie hielt sich lange das Vorurteil, dass die Schweizer Bauern, wie eigentlich alle Bauern, Antisemiten seien. Sollte so ein Mist etwa doch stimmen?

Wenn man den herrlichen Roman *Melnitz* von Charles Lewinsky liest, begreift man viel über das Zusammenleben von Schweizern und Juden. Der Roman hat 776 Seiten, mächtig lang, schon allein daran sieht man, dass die Beziehung zwischen Schweizern und jüdischen Schweizern nicht ganz einfach sein kann. Spät wurden den Juden Rechte zuerkannt, lange waren sie Außenseiter. Ich bin nach Lengnau und Endingen gefahren, wo Schweizer Bauern und jüdische Viehhändler unter einem Dach lebten, auch wenn sie zwei getrennte Türen brauchten, um ins selbe Haus zu gelangen. Dort wird ein Jiddisch gesprochen, das nur Schweizer verstehen. Ich finde, das zeigt, wie eng die Symbiose einmal gewesen sein muss. Vor allem waren sie alle miteinander arm. Sie waren arm, und trotzdem oder gerade deshalb herrschten Ressentiments den Juden gegenüber.

Wenn wir schon einmal dabei sind, was ist mit dem heiklen Thema Schächten? Bis heute gilt das Schächtverbot von 1892 in der Schweiz. Es fällt mir außerordentlich schwer zu glauben, dass es bei dem Verbot einzig und allein um die Form des Tötens geht. Ob ein Kolbenschuss oder eine Spritze die armen Tiere sanfter entschlafen lässt, sei mal dahingestellt. Ist es nicht vor allem die Unsicherheit dem fremden, unbekannten Ritual gegenüber?

Ich plädiere in diesem Fall für Vegetarismus, damit wird man dem Thema für beide Seiten grundlegend gerecht. Natürlich fällt mir dazu der alte Witz ein:

»Ich hätte gerne drei Scheiben von dem da.«

»Aber Moishe, das ist Parmaschinken!«

»Hab ich dich gefragt, wie der Fisch heißt?!«

Die letzten Wochen habe ich in Bern gearbeitet. Ein wunderschönes Städtchen, leider hat man vergessen, die Häuser bunt anzumalen, weshalb ich mich in dem Labyrinth aus grau-grün-beigen Häusern immer verlief. Ich bin in die Aare gesprungen, um mich abzukühlen, habe mich von der starken Strömung treiben lassen, und in der Nähe des Ufers, wo ich herausgeklettert bin, im Kornhaus, lief eine Ausstellung: *Schweizer Juden – 150 Jahre Gleichberechtigung.*

Sehr schöne Porträts von selbstbewussten Juden und Jüdinnen. Sie haben Politik, Wirtschaft und Kultur der letzten hundertfünfzig Jahre maßgeblich mitgeprägt, heißt es. Dass dies extra erwähnt werden muss … aber ich will nicht mäkelig sein.

Während des Zweiten Weltkriegs allerdings kam es zu folgendem Zwiespalt: Um ihre zwar geschichtlich etablierte, offenbar aber unsichere Position nicht zu gefährden, ließen sie sich in die Einwanderungspolitik einspannen. Halfen mit, zu organisieren, dass nur ein geringes Kontingent an jüdischen Flüchtlingen in die Schweiz durfte, der Rest wurde an der Grenze abgewiesen.

Keine sehr rühmliche Rolle, die auch zeigt, dass die Sorge um die eigene Stellung absolut berechtigt war. Haben sie da eher als Schweizer oder als bedrohte Juden gehandelt?

Ich maße mir kein Urteil an. Was hätte ich getan?

»Was weißt du denn von uns, den Schweizer Juden?«, fragte gestern Jossi, er ist Züricher Jude in der sechsten Generation. Ich weiß nichts, ich schaue ein bisschen von außen drauf.

Als meine Eltern aus Jugoslawien fliehen mussten, war 1964 ihre erste Station Zürich. Mein Vater arbeitete als Radiologe im Kantonspital, wir wohnten in der Milchbuckstrasse. Aber es gelang ihnen nicht, Schweizer zu werden, bedauerlich. Ich wäre gerne Schweizerin. »Endlich in Sicherheit!«, flüstert die Migrantin in mir.

Ich wäre eine Schweizer Jüdin, deren Traumata von den hohen Bergen aufgefangen, von den klaren Seen weggespült würden. Vielleicht wäre ich Mitarbeiterin in einer der vielen von mir verehrten Schweizer Hilfsorganisationen.

Würde ich »meiner« Schweiz ebenso schonungslos kritisch ihre Vergangenheit vorhalten, wie ich es Deutschland gegenüber tue? Würde ich mich genauso offensiv an der politischen Diskussion beteiligen? Wäre ich ebenso empfindlich für Antisemitismus und würde ihn lautstark anprangern? Vielleicht würde ich mein Judentum doch für mich behalten, meine Andersartigkeit verstecken.

Denn wer will schon Ärger mit seinem Skilehrer?

Provinz

»Nach dem Abitur seht ihr mich hier nie wieder. Ich muss raus aus der Provinz!«

So oder so ähnlich klangen unsere Schlachtrufe, als wir nach Berlin, Hamburg oder München zogen, um zu studieren, eine Ausbildung anzufangen oder schlichtweg zu feiern.

Zur Abiparty war ich im alten Mercedes meines Vaters erschienen, damals machte man die Matura noch mit neunzehn und nicht wie heute mitten in der Pubertät. Wir hatten gefeiert bis zum Morgengrauen, es war Juni, und um fünf war es schon taghell. Beim Einparken in unsere Garage fuhr ich eine große Delle in die Beifahrertür und fühlte mich reif fürs Erwachsenwerden. Ich hatte bereits am Vortag gepackt und war mittags schon weg.

Wer zu Hause blieb, war eine Memme oder musste den Betrieb der Eltern übernehmen, was aufs Gleiche hinauslief. Wir waren von unschlagbarer Arroganz.

Nach zehn und nach zwanzig Jahren gab es die obligatorische Einladung zum Klassentreffen. Schon auf dem zweiten gelang es mir nicht mehr, meine ehemaligen

Kameraden zu identifizieren, es gab Tote zu vermelden und eine Insolvenz.

Eigentlich fühlte ich mich wohl auf diesen Treffen, ich schlüpfte übergangslos in meine alte Rolle, auch alle anderen taten dies, und wir alberten herum wie früher, als wir weder Kinder noch graue Haare hatten. Ein Hauch von Wehmut umgab uns, es war eine schöne Zeit, damals, in diesem kleinen Städtchen, aber nichts gegen die Großstadt natürlich.

Zu Geburtstagen der Eltern, Jubiläen, Weihnachtsfeiern fuhr ich nach Hause, wie alle anderen auch, nur um möglichst schnell wieder nach Berlin zu kommen. Wer diese Kurzaufenthalte um einen oder zwei Tage verlängerte, der – das war klar – hatte es in Berlin nicht geschafft.

Später wurden meine Besuche seltener, die Einladungen zu den Klassentreffen warf ich fort.

Wieder sind etliche Jahre ins Land gegangen, und plötzlich sind die Eltern Greise, und es hilft nichts, man muss sie besuchen, sie versorgen, sich um sie kümmern. Das ist mit einer Übernachtung nicht getan, da braucht es eine Woche. Minimum. Und wenn man nach einer Woche abfährt, mischt sich in die Erleichterung das schlechte Gewissen. Man hätte länger bleiben müssen, aufgeschlossener sein, ein gutes Kind.

Telefonate mit einfallsreichen Ausreden folgen: diese Woche ist Abgabe, nach der nächsten Premiere, ob es in zwei Wochen nicht auch reicht? Die Angst steigt in mir hoch. Wieder im Kinderzimmer schlafen? Wieder beim Kroaten essen? Durch die Einkaufspassage zur Bibliothek

schlurfen, um sich die neuesten Magazine auszuleihen?
Kann dieser Kelch bitte an mir vorübergehen?

Nein, das kann er nicht, weder an mir noch an allen anderen, damals die Nachricht: deine Mutter ist im Krankenhaus, bitte beeile dich!

Es gibt kaum etwas Gruseligeres, als durch das leere Elternhaus zu schleichen, die Tischbein-Reproduktion hängt wie immer schief, die Kacheln im Bad sind nach wie vor penetrant altrosa, und es riecht zart, aber unnachgiebig nach Mottenkugeln. Die Alkoholika-Sammlung, zwischen den Lexika und den Reiseführern versteckt, ist gut gefüllt, der Whiskey ist mit den Jahren nur besser geworden, ich schlafe den unglücklichen Schlaf der nach Hause Gekommenen.

Die Reha meiner Mutter zieht sich. Zweimal täglich gehe ich zum Klinikum, besuche sie, es bleibt noch sehr viel freie Zeit, wie oft kann man durch eine Fußgängerzone spazieren, ohne Selbstmord zu begehen? Nichts hat sich hier verändert, denke ich, das Städtchen ist inzwischen bloß voller Ramschläden und noch öder als damals.
Wo sind meine Klassenkameraden? Hätten sie nicht Zeit für einen kleinen Kaffee zwischendurch? Ja, genau die, auf die ich hinabgeschaut habe, weil sie partout nicht in die Großstadt ziehen wollten, könnten sie sich nicht erbarmen und mit mir ein bisschen Zeit verbringen, damit ich das Dahinsiechen meiner Mutter besser verkrafte? Ich würde auch eine Einladung zum Abendessen nicht

ausschlagen, auf ein Stück Kuchen vorbeikommen, mit den lieben Kleinen im Garten spielen.

Sie sind nicht leicht zu finden, denn ihre Nachnamen haben sich geändert im Namenskarussell zwischen Ehe, Scheidung und erneuter Heirat. Wie zufällig gehe ich an ihren Wohnungen vorbei, traue mich aber nicht zu läuten, wie soll ich erklären, warum ich die letzten Klassentreffen gemieden habe? Weil ich sicher bin, dass sie das Feuilleton der FAZ nicht lesen? Weil sie bei der islamischen Gentrifizierung Istanbuls nicht mitreden können? Weil sie die große weite Welt Berlins nicht kennen? Weil ich selbst gar nicht mehr genau weiß, worauf es im Großen wie im Kleinen wirklich ankommt? Schließlich treffe ich Dodo in der Fußgängerzone, sie weiß natürlich schon seit Längerem, dass ich in der Stadt rumstromere – warum hast du dich denn nicht gemeldet? Sie weiß um meine Mutter, und sie weiß, wo Fedi und Mara und Pe stecken. Und nach einem prüfenden Blick sagt sie, komm Adri, es wurde aber auch Zeit!

Dodo hat zwanzig Jahre in Afrika gelebt, sie hat in Botswana eine Schule gebaut. Sie wollte einen Lastwagen überführen, dann ist sie dort geblieben. Jetzt lebe sie wieder zu Hause wegen der alten Eltern und führe den kleinen Betrieb weiter. Dass man auch von wenig leben kann, habe sie in Afrika ausgiebig geübt. Mara ist Oberärztin geworden, sie hat in den vergangenen Jahren immer mal wieder nach meiner Mutter geschaut. Sie leitet auch das hessische Ärzte-Orchester. Fedi sei Altenpflegerin, sie zwinge die Dementen zum Yoga, die ganze Stadt habe wochenlang von nichts anderem gesprochen, unentschieden zwischen Entrüstung und Bewunderung. Pe ist Studienrätin, geschieden, ihr Sohn ist bei einem Motorradunfall umgekommen, das hat die Ehe nicht verkraftet.

Von mir wüssten sie aus den Zeitungen, wie schön, dass es mit der Kunst geklappt habe, das Feuilleton der FAZ liegt aufgeschlagen auf dem Küchentisch, Dodo lacht.

Ich frage nach den anderen, den Jungs: Jörg ist in Australien, Dieter im Gefängnis, und Stefan hat sich umgebracht. Ein durchschnittlicher Jahrgang.

Plötzlich habe ich schreckliche Sehnsucht nach meiner Klasse, nach meiner kleinen Provinzstadt, die ihre Töchter und Söhne schonungslos in das Leben gespuckt hat. Was nur hat mich damals getrieben, derartig hastig abzuhauen, alle Brücken hinter mir abzureißen und voller Hochmut und Unkenntnis auf das alte Leben hinabzuschauen? Natürlich, es ist notwendig, sich von seinen Eltern, den Lehrern zu emanzipieren. Selbst Großtaten zu vollbringen und alle nur möglichen Fehler zu begehen. Aber muss man dazu das Heimatstädtchen derart verleugnen, die Klassenkameraden so vollständig vergessen?

Ich habe bei Dodo Rasen gemäht, wir haben zu viert eine Radtour auf den Schiffenberg gemacht und sehr viel Apfelwein getrunken. Zwei Monate später ist meine Mutter gestorben. Am Tag der Beerdigung gab es Grüne Soße im »Schlosskeller«.

Mittlerweile fahre ich jeden Sommer zu Dodo. Inzwischen machen dort auch die Flüchtlinge Yoga, es kann nicht mehr lange dauern, bis Fedi nach Berlin kommt, um sich beim Bundespräsidenten das Bundesverdienstkreuz abzuholen.

Wie schön ist die Provinz!

Die Alten und die Jungen

Als Regisseurin bin ich viel unterwegs. Ich bin »auf Montage«, die Orte mit ihren Opernhäusern und Einkaufspassagen verschwimmen und werden zu einer einheitlichen, großen Fremde.

Abends, nach Probenschluss, schaue ich mir in desolaten Appartements Serien an, die mir den Schlaf rauben. In *Homeland* sucht die Hauptfigur hysterisch einen Terroristen, der ganz Amerika in die Luft sprengen will, die dänische Premierministerin Birgitte Nyborg in *Borgen* hat Krebs und besichtigt dennoch den Kriegsschauplatz Afghanistan. Und in *24* geht es derart brutal zur Sache, dass ich überlege, mir Schlaftabletten verschreiben zu lassen.

Morgens auf den Proben sehe ich aus, als hätte ich selbst, schwer krank, Mörder gejagt.

So kann es nicht weitergehen.

Ein anderes Medium, ein gesünderes Genre muss her. Ich suche nach etwas Beruhigendem, etwas, das mich nicht auszehrt, sondern feinfühlig in der Einsamkeit der Provinz begleitet. Ich werde fündig – wer hätte das gedacht, ausgerechnet bei Thomas Mann. Wortreich, ironisch, nicht zu schwer, aber auch nicht zu leichtgewichtig sind seine Romane ein perfekter Serienersatz, und ich schlafe herrlich trotz der verhandelten Dramen: Tony heiratet den grässlichen Grünlich und Hans Castorp zieht in den Krieg. Ein bisschen Geduld muss man einplanen, es dauert eine gewisse Zeit, bis man involviert ist, aber spätestens ab Seite vierhundert ist man praktisch Familienmitglied.

»Haben wir nicht auch einen Thomas Mann?«, frage ich meinen Mann kurz vor einem erneuten Probenbeginn, Georg antwortet: »Ihr habt viele«, und legt mir Joseph Roth hin.

Und so beginnt meine Reise durch die K. u. k.-Monarchie. Sie fängt mit einem Marsch in Böhmen an und endet in Wien mit dem Tod des Kaisers. Nach dem Radetzkymarsch bin ich in der Kapuzinergruft, dann im Hotel Savoy, und die kleinen jüdischen Händler, die braven Soldaten, die unglücklichen Ehefrauen, die trinkenden Söhne bevölkern meine Träume. Ich habe keine Mühe mehr mit der *Fledermaus* in Linz, im Café Traxlmayr sitzen sie alle, die Figuren aus Roths Romanen, ja, und ich verstehe endlich auch die Ehe zwischen Rosalinde und Gabriel Eisenstein, denn Joseph Roth hat mir eine Gebrauchsanleitung für die Österreicher mitgegeben.

Ich bin süchtig nach den »alten Schinken«. Erledige die Proben schnell und effektiv, um in Ruhe weiterlesen zu können. Obwohl die Geschichten vor über achtzig Jahren spielen, sind ihre Protagonisten heutig und modern. Auch wenn es keinen Kaiser mehr gibt, Söhne, die ihrem Vater gefallen möchten, kenne ich zuhauf, und nicht zu wissen, wohin man gehört, wer oder was man sein möchte, ist eines der Lieblingsthemen in Gesprächen mit meinen Söhnen.

Auf dem Fahrrad zur Probe denke ich darüber nach, was Joseph Roth ausmacht. Er ist ein Chronist seiner Zeit. Ein genauer, liebevoller Beobachter seiner Mitmenschen. Er beschreibt, er urteilt nicht. Er hat Humor. Und davon eine Menge. Ich bin verliebt in Joseph Trotta, meinen Held von Solferino!

Ich hatte Kafka gelesen, Tucholsky und Isaac B. Singer, Feuchtwanger. Vor Joseph Roth hatte ich immer einen unerklärlichen Respekt, und vor seinem *Hiob* geradezu biblische Angst.

Pünktlich zu den Endproben von *Tosca* im Staatstheater Kassel nehme ich mir das Buch vor. Was soll mir schon passieren? Schlimmer als in Puccinis zweistündiger Oper kann es nicht werden, dort sterben alle drei Protagonisten! Mit einer Überdosis Taschentücher bewaffnet, mache ich mich an die Lektüre. Als ich nach zwei Nächten fertig bin, haben die zerbombte Kulisse der Stadt und die Fußgängerzone in Kassel ihren Schrecken verloren, sie leuchten gleichsam von innen, denn Mendels behinderter Sohn ist Opernsänger geworden. »Menuchims Lied«, abgespielt auf einem alten Grammofon gegen Ende des Romans, erfüllt mein Herz, so wie Toscas »vissi d'arte« im zweiten Akt das Premierenpublikum berauscht.

Wenn die »Alten« das können, frage ich mich: Können das die »Jungen« auch? Haben unsere jungen jüdischen Autoren ein Herz für die Sorgen des kleinen Mannes? Sind sie Chronisten ihrer Zeit oder halten die Nachwehen des Holocaust sie derart im Griff, dass ausschließlich das ihr Thema ist und bleibt? Sind sie mit ihrer Beschreibung heutigen jüdischen Lebens in der deutsch-jüdischen Erklärfalle gefangen oder haben sie sich emanzipiert?

Also lese ich Menasse, Biller, Schindel und Rabinovici, Gorelik, Polak und Funk.

Erfahre, dass sich in Wien nicht so arg viel getan hat, dafür umso mehr in Berlin. Dass man selbstbewusst und ironisch sich und seine deutsche Umgebung sezieren kann, ohne gleich ein Nestbeschmutzer zu sein. Die Jüngeren folgen den Spuren ihrer Großeltern, zerbrechen sich den Kopf, ob Beschneidung immer noch angebracht ist. Und ja, auch sie sind Chronisten ihrer Zeit. Sie sind poetisch und böse und durchaus witzig, und sie definieren sich schon lange nicht mehr ausschließlich über die Shoah.

Vielleicht sind sie nicht ganz zu Hause dort, wo sie sind, aber wer ist das schon? Vielleicht gehören sie noch nicht zur Weltliteratur (passiert das nicht sowieso erst posthum?), dafür sind sie am Leben, und ich kann getrost weitere Engagements annehmen – denn diese »Jungen« sind ungeheuer produktiv. Ich muss mich vor keiner zerbombten deutschen Stadt mehr fürchten, in der ich in Zukunft inszeniere, denn ich habe genug Lesestoff, um sie alle zu verkraften.

Herbst

Shana Tova, meine Liebe!

Wieder ist ein Jahr vorbei, die Hohen Feiertage stehen vor der Tür, und Du bist noch immer nicht zurück! Willst Du wirklich in der Wüste bleiben? Ich habe Deine Platzkarte für Rosch ha Shana und Jom Kippur, die Du mir so großzügig überlassen hast, weiterverkauft, ohne Dich stundenlang in der Synagoge herumsitzen und beten, wozu?

Stattdessen werde ich im September verreisen. Die Sonne scheint zärtlicher als noch im August, das Meer ist noch herrlich warm. Die Bäume strotzen von allerlei Obst, und die Weinernte verspricht hervorragend zu werden.

Vielleicht komme ich Dich besuchen. Was meinst Du?

Danke schön!

Wolfgang Böhmer, jetzt auch als Ehemann unschlagbar
Aaron und Lenny Altaras
Jelka Motta geb. Fuhrmann

Sandra Heinrici, weltbeste Lektorin und Freundin

Hotel Budersand, Sylt
Gerhart-Hauptmann-Haus, Hiddensee
Zwei Meere, an denen ich mich wunderbar konzentrieren
kann

Lilia Milek, Mirjam Tola, Almerija Delic

Und:
Thea Dorn, Ilka Seifert, Regina Schilling, Khyana El Bitar,
Christine Meneses, Juliane Voigt, Catarina Felixmüller,
Friederike Sauer, Nina Lepilina, Gioia Raspe, Idil Üner,
Carola Cohen Friedländer, Barbara Spitz, Sibylle Meim-
berg-Putzhammer, Natascha Bub, Elke Felten, Tatjana
Hickethier, Sonja Valentin, Yashi Tabassomi, Esther
B. Scheidler, Wiebke Porombka, Hella Strehlke, Marion
Takacs und Ute Nicolai

Albert Wiederspiel, Robbi Waks, Helge Malchow, Ulrich Waller, Gustav Peter Wöhler, Johannes Herrschmann, Christoph Schubiger, Etienne Pluss, Frank Takacs, Martin Walz und Mathias Zelic

Allen Mitarbeitern des Verlages Kiepenheuer & Witsch, ganz besonders Ulla Brümmer und Eva Betzwieser

Karin Graf & Agentur und Heinke Hager

Eli Altaras

Nachweis der Veröffentlichungen

Die Alten und die Jungen
Zuerst erschienen unter dem Titel »Unsere Joseph Roths«, in: »Jüdische Allgemeine Zeitung«, 7. Oktober 2014

Luther und die Sauna
Zuerst erschienen in: »Freiheit und Verantwortung. 95 Thesen heute«, herausgegeben von Wilhelm Genazino. Stuttgart: J. B. Metzler Verlag, 2016

Hänsel und Gretel
Geschrieben für die lit.cologne 2016

Mascha Kaléko
Zuerst erschienen in: Wir Berliner! Prominente über Prominente; Peter Raue, Irene Bazinger u.v.a., © Bastei Lübbe (Quadriga), 2014

Berlin, meine große hässliche Geliebte
Zuerst erschienen unter dem Titel »Der Russe sei Dank«, in: MERIAN Berlin, Januar 2013, www.merian.de

Bühnenasyl
Zuerst erschienen unter dem Titel »Ein Stück Heimat. Das Echo des Balkankriegs auf der Opernbühne« im ATLAS 5/2015, © Gebrüder Weiss, Lauterach, www.gw-world.com

Das grüne Leuchten (»Einmal den perfekten Moment, bitte«); *Zum Muttertag* (»Lasst locker, Mädels!«); *Deutschland fährt Rad* (»Die Karte zum Paradies muss wasserdicht sein«); *Schreiben mit und ohne Kinder* (zuerst erschienen unter dem Titel »Eingeklemmt zwischen Kissen und Generationskonflikten«); *Krisengebiet Weihnachten* (»Frohes Weihnukka!«); *Hohe Feiertage* (»Gibt es einen Plural von Heimat?«); *Das Finanzamt und ich* (»Gott wohnt nicht im Finanzamt«); *Mutprobe* (»Wann ist ein Held ein Held?«); *Angst* (»Pegida ist kein Kochkurs und Kopenhagen nicht weit«); *Weimar* (»Ausflug ins Land der Dichter und Henker«); *Schlaflosigkeit* (»Fertig, fertiger, am fertigsten«) zuerst erschienen auf www.zeit.de/freitext

Nachweis der Zitate

Weitere Titel von Adriana Altaras bei Kiepenheuer & Witsch

Doitscha. Eine jüdische Mutter packt aus.
Gebunden. Verfügbar auch als E-Book

Titos Brille. Die Geschichte meiner strapaziösen
Familie. Gebunden. Verfügbar auch als E-Book

»Hinter den Seiten dieses hinreißend unterhaltsamen Familienalbums verbirgt sich die ehrliche Auseinandersetzung, wie sich Zusammenleben heute gestalten kann – im Kleinen wie im Großen, in der Privatwohnung wie im Nationalstaat.« *Die Welt*

»Mitreißend und witzig« *Deutschlandfunk*

»Wie frisch und wie mitreißend, wie unverbraucht und wie eigenwillig entfaltet Adriana Altaras ihre atemberaubend ereignisreiche Familiengeschichte.« Ijoma Mangold, *Die Zeit*

»Eine geniale Familienaufstellung, aberwitzig, böse und liebevoll.« »*Rabbi*« Dani Levy

Kiepenheuer & Witsch

Silke Burmester. Mutterblues. Mein Kind wird erwachsen, und was werde ich? Klappenbroschur. Verfügbar auch als E-Book

Mein Kind bricht auf, ich brech' zusammen
Gerade noch hat sie ihren Sohn mit einer Socke über der Hand zum Lachen gebracht, ihm Schulbrote geschmiert und einen Gutenachtkuss gegeben. Und plötzlich ist das Kind erwachsen und will ausziehen. Eigentlich ist nichts Schlimmes passiert – aber warum fühlt es sich so an? Silke Burmester erzählt persönlich und grundehrlich davon, wie weh es tut loszulassen und wie schön es sein kann, neu anzufangen.

Kiepenheuer
& Witsch

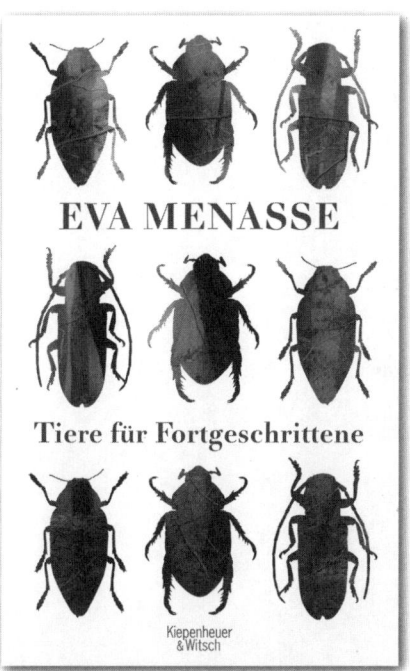

Eva Menasse. Tiere für Fortgeschrittene. Gebunden.
Verfügbar auch als E-Book

Jahrelang hat Eva Menasse Tiermeldungen gesammelt, die ihr, wie umgekehrte Fabeln, etwas über menschliche Verhaltensweisen zu verraten schienen: Raupen, die sich ihr eigenes Grab schaufeln, Enten, die noch im Schlaf nach Fressfeinden Ausschau halten, Schafe, die ihre Wolle von selbst abwerfen. Jede ihrer Erzählungen geht von einer kuriosen Tiermeldung aus und widmet sich doch ganz der Gattung Mensch.

Kiepenheuer
&Witsch

Alina Bronsky. Baba Dunjas letzte Liebe. Roman.
Taschenbuch. Verfügbar auch als E-Book

Eine besondere Dorfgemeinschaft mitten im russischen
Niemandsland und eine außergewöhnliche Frau, die im
hohen Alter ihr selbstbestimmtes Paradies findet. Voller
Kraft und Poesie, voller Herz und Witz lässt Alina Bronsky
eine untergegangene Welt wiederauferstehen.

»Ein schwebender, von betörender Poesie
getragener Text« *NDR*

»Alina Bronsky gelingt mit ihrem kleinen
Roman ein großes Wunder.« *hr 1*

Leseproben und mehr unter www.kiwi-verlag.de